高素质技术技能人才培育范式研究

喻念念 ◎ 著

吉林出版集团股份有限公司
全国百佳图书出版单位

图书在版编目（CIP）数据

高素质技术技能人才培育范式研究 / 喻念念著. --长春：吉林出版集团股份有限公司, 2023.11
ISBN 978-7-5731-4466-9

Ⅰ.①高… Ⅱ.①喻… Ⅲ.①职业教育－人才培养－研究－中国 Ⅳ.①G719.2

中国国家版本馆CIP数据核字(2023)第234089号

GAO SUZHI JISHU JINENG RENCAI PEIYU FANSHI YANJIU
高素质技术技能人才培育范式研究

著　　者	喻念念
责任编辑	杨　爽
装帧设计	清　风

出　　版	吉林出版集团股份有限公司
发　　行	吉林出版集团社科图书有限公司
地　　址	吉林省长春市南关区福祉大路5788号　邮编：130118
印　　刷	唐山富达印务有限公司
电　　话	0431-81629711（总编办）
抖 音 号	吉林出版集团社科图书有限公司37009026326

开　　本	720mm×1000mm　1/16
印　　张	13
字　　数	200千
版　　次	2023年11月第1版
印　　次	2023年11月第1次印刷

书　　号	ISBN 978-7-5731-4466-9
定　　价	58.00元

如有印装质量问题，请与市场营销中心联系调换。0431-81629729

前　言

当今时代，经济全球化带动世界各国、各地区产业迅猛发展，科技转化生产力的速度日益加快。为了适应社会经济的发展需求，各国政府对人才培养的重视提到了新的高度。一方面，全球化和信息化的浪潮推动国家竞争集中于人才的竞争；另一方面，提高创新能力、全面发展和多元化的素质需求成了当代人才培养的目标与亟待解决的问题。从现实应用和人才需求数量来讲，高素质技术技能人才已经在人力资源培养中占据非常大的比例。从社会重视层面看，各国政府通过制定相关政策，为高素质技术技能人才的培养提供支持和保障。从教育研究层面看，培养高素质技术技能人才是必须重点研究的对象。

本书采用理论与实践相结合的方法，从高素质技术技能人才的基础理论出发，从多个角度细致而全面地讨论了高素质技术技能人才培育的相关问题，同时将高素质技术技能人才的基础理论知识和培养实践相结合，不仅分析了当代高素质技术技能人才培育模式、问题现状、原因分析、与社会适切性等多个方面的要点，而且结合教育实践，尤其是世界多个国家的高素质技术技能人才的培育模式与相关制度、服务，通过循序渐进的论述，讨论了当下高素质技术技能人才的培养应用效果。本书对从事我国高素质技能型人才培育工作、教育研究及相关领域研究的人员具有一定的参考价值。

本书在撰写过程中参考及引用了部分文献资料，在此向有关作者表示感谢；同时，也感谢出版社编辑的辛苦付出。由于笔者水平有限，时间仓促，难免有疏漏之处，敬请各位同行、专家提出修改意见及建议。

目　录

第一章　高素质技术技能人才培育的背景分析 …………………… 001
　第一节　高素质技术技能人才培育的政策背景 ……………… 001
　第二节　高素质技术技能人才培育的社会背景 ……………… 011
　第三节　高素质技术技能人才培育的时代背景 ……………… 021

第二章　高素质技术技能人才培育范式的内涵研究 ……………… 029
　第一节　高素质技术技能人才的内涵界定 …………………… 029
　第二节　高素质技术技能人才培育范式的内涵界定 ………… 052

第三章　高素质技术技能人才培育的困境研究 …………………… 062
　第一节　高素质技术技能人才培育的现状分析 ……………… 062
　第二节　高素质技术技能人才培育的问题及成因 …………… 074
　第三节　高素质技术技能人才培育的对策分析 ……………… 089

第四章　高素质技术技能人才培育范式构建研究 ………………… 098
　第一节　高素质技术技能人才培育理论 ……………………… 098
　第二节　高素质技术技能人才培育的总体框架构建 ………… 111
　第三节　高素质技术技能人才培育的教师队伍建设 ………… 119
　第四节　高素质技术技能人才培育的教学体系构建 ………… 123
　第五节　高素质技术技能人才培育的评价体系构建 ………… 129

第五章　高素质技术技能人才培育的社会适切性研究 …………… 136
　第一节　高素质技术技能人才类型定位研究 ………………… 136
　第二节　高素质技术技能人才本科层次培育路径研究 ……… 144

第三节　高素质技术技能人才服务经济社会发展研究 …………… 150
　　第四节　高素质技术技能人才服务乡村振兴战略研究 …………… 156

第六章　高素质技术技能人才培育范式的个案研究……………… 169
　第一节　我国的"企业导师"制度 …………………………………… 169
　第二节　德国的"双元制"职业教育模式 …………………………… 173
　第三节　美国的"学徒制"培养模式 ………………………………… 179
　第四节　新加坡的"技能认证"制度 ………………………………… 185
　第五节　挪威的"职业导航"服务 …………………………………… 190

结　　语……………………………………………………………… 199
参考文献……………………………………………………………… 200

第一章　高素质技术技能人才培育的背景分析

第一节　高素质技术技能人才培育的政策背景

随着世界经济的快速发展和科技的迅猛进步，高素质技术技能人才的需求日益增加。为了适应新时代的发展需求，并推动经济社会持续发展，各国政府都意识到培育高素质技术技能人才的重要性。本节将探讨高素质技术技能人才培育的政策背景，包括国家政策的制定和实施、为培养高素质技术技能人才提供支持和保障的方向与措施。

美国的《创新和竞争法案》：该法案于2021年提出，旨在提升美国在全球科技竞争中的地位。它包含着巨额的科研和创新资金，特别是在半导体制造、人工智能等领域。此举不仅刺激了这些关键领域的研究和开发，也激发了从教育到工业的多个环节对这些领域的技术技能人才的需求。这也就意味着在未来几年，这些领域的技术技能人才将会在就业市场上遇到更多机会。

中国的"双一流"计划：这是一个关注全球首屈一指的大学和首屈一指的学科的计划，目的是提升国内高等教育的质量和影响力。该计划的推动，使得参与的大学在热门科技领域持续投入，而且被推动实现国内和全球领先。例如，计算机科学和工程领域，由于需求巨大且广泛，吸引着更多的人才投入学习，并陆续进入相关领域就业。

《巴黎协定》及欧盟的绿色政策：《巴黎协定》把拥有持续热度的清洁能源政策推向了峰值，使得该领域的技术技能人才从清洁能源发展上看到了更多的发展空间。这对于那些对气候变化有所关注、愿意投身于环境科学和工程及相关领域的人才来说有着巨大的吸引力。欧盟的绿色处理政策则进一步推进了相关领域的专业人才的发展。

一、国家发展战略与人才培养目标

在全球化和信息化的浪潮中,技术创新已成为国家竞争力的核心。许多国家都把培养高素质技术技能人才视为战略性举措纳入国家发展规划。政府将人才培养定位为国家发展的战略性任务,并制定了相应的目标和政策来支持与推动高素质技术技能人才的培养。

技术创新已经成为全球竞争的主要驱动力之一。国家经济的发展和社会进步需要具备高素质技术技能的人才。然而,高素质技术技能人才的培养不仅需要政府的支持,还需要政府充分认识到人才培养是一个系统的、长期的和复杂的过程。

为了更好地推动高素质技术技能人才的培养,各国政府纷纷制定了相应的国家发展战略和人才培养目标。这些战略和目标不仅是口号与承诺,还应通过一系列政策措施和行动计划来得以实施与落地。下面将从几个方面来详细探讨:

第一,各国政府将高素质技术技能人才的培养纳入国家发展战略的核心。各国政府充分认识到人才是推动经济社会发展的重要驱动力,高素质技术技能人才是国家创新能力和竞争力的关键。因此,各国政府出台了一系列的政策和措施来支持与推动人才的培养,从而为国家的创新和发展提供源源不断的人才支持。

第二,各国政府通过加大对教育的投入,改善教育质量来培养高素质技术技能人才。教育是培养人才的重要途径,各国政府投入教育的资金和资源直接关系到人才的培养质量。各国政府通过加大教育经费投入、加强教育设施建设、改善教学设备及提升教师的教育水平,致力于提高教育的质量和培养人才的能力。

第三,教育改革和创新是培养高素质技术技能人才的重要途径。各国政府需要加强教育体制改革,调整课程设置,使之与时俱进,紧跟技术发展的步伐。同时,各国政府还需要与高等教育机构、研究机构、企业和社会各界建立紧密合作的机制,以构建多元化、开放式的人才培养模式。

第四,各国政府通过制定相关政策,为高素质技术技能人才的培养提供支持和保障。政策导向是建设人才培养体系的关键。各国政府可以通过颁布人才引进政策、建立人才评价机制、制定激励政策等一系列措施，来引导和推动人才培养工作的开展。同时，各国政府应该鼓励教育机构与企业、科研机构和社会各界合作，推动产学研结合，提升人才培养的质量和效果。

第五，各国政府要加大对研究与创新的支持。科技创新是推动国家发展的重要引擎，各国政府应该加大对科研机构和人才的支持力度，提供相应的科研经费和设施，为科学家和研究人员提供更好的研究环境与条件。各国政府还应该鼓励和支持科研成果的转化与应用，促进科技创新成果的商业化和产业化。

第六，各国政府注重人才培养的全方位、全周期和全人类发展的理念。这意味着各国政府需要从儿童教育开始，培养人才的创新精神、团队合作意识和综合能力。各国政府应该关注人才的终身学习和发展，通过建立健全的继续教育体系，为人才提供学习和进修的机会，不断提升其专业技能和综合素质。

总之，高素质技术技能人才的培养离不开各国政府的支持和推动。各国政府不仅要制定相应的战略和目标，还要落实政策和措施，并与各界共同努力，共同推动人才培养工作的顺利进行。只有通过全社会的共同努力，才能培养出大批具备高素质技术技能的人才，从而为国家发展和社会进步提供强有力的支持。

二、教育改革与专业设置调整

教育改革与专业设置调整是政府推动高素质技术技能人才培养的重要举措之一。在全球化和技术进步的背景下，传统的教育模式与专业设置已经无法满足不断变化的社会需求和就业市场的要求。因此，政府需要不断加大对教育改革和专业设置调整的支持，以提高教育质量和培养适应技术创新环境的技术技能人才。

教育改革是培养高素质技术技能人才的关键。政府需要加强教育体制改革，创新教学模式，提升教育质量。

第一，教育改革要突破传统教育的束缚，摆脱以传授知识为重点的单一教学模式，注重培养学生的创新思维、团队合作精神和解决问题的能力。政府要鼓励教师采用多元化的教学方法，如案例教学、项目学习和小组讨论等，引导学生积极参与、主动学习，以提升学习效果。

第二，政府要加大对教师的培训和支持力度，提高教师的专业素养和教学能力。政府通过开展教师培训项目、设立教师示范学校和教学研究中心等措施，可以为教师提供更好的学习和发展机会，激发教师的创新潜力，提升教育质量。

第三，专业设置调整。随着技术的快速发展和社会需求的变化，传统的专业设置已经不能满足市场需要。政府应积极推动专业设置的优化和调整，使其能更好地适应新的技术发展和就业市场的需求。政府可以与高等教育机构、企业和行业协会等各方展开密切合作，开展专业需求调研和市场需求预测，确定新的专业设置方向。政府还可以鼓励高校建立跨学科的学院群和学科群，加强专业之间的衔接和交叉，培养更具综合能力的技术技能人才。

第四，政府应注重推进教育国际化和跨学科发展。在全球化的背景下，技术和知识的跨界融合已成为社会进步与创新的重要动力。为了培养具备国际视野和跨学科能力的技术技能人才，政府可以鼓励高等教育机构与国际知名高校开展合作，推动教师和学生的国际交流与合作，促进知识和经验的流动。政府还可以鼓励跨学科的教育和研究，打破学科壁垒，促进不同学科之间的交流和合作。政府通过设立跨学科研究中心、开设跨学科课程等措施，可以为学生提供更多的学科交叉和学习机会，培养学生创新思维和解决复杂问题的能力。

第五，政府应注重推动产学研结合，加强教学与实践的衔接。传统的教育模式往往存在理论与实践脱节的问题，学生在学校学到的知识无法直接应用于实际工作中。为了解决这一问题，政府应鼓励高等教育机构与企业、科研机构和社会各界建立紧密合作的机制。政府通过设立实验室、研究中心和创新基地，可以为学生提供实践机会和与项目合作的平台。政府还应鼓励教师与企业专家开展合作研究，将理论知识与实际工作相结合，为学生提供更实用的教学内容和实践机会。同时，政府可以加大对企业的支持力度，鼓励企业提供实习岗位、培训计划和就业机会，帮助学生将所学知识应用于实际工作中，以更好地适应就业市场的需求。

在教育改革和专业设置调整方面，政府需要充分利用信息技术的创新，推动数字化教育的发展。通过网络教育和远程教育，政府可以突破时空的限制，将优质教育资源覆盖到更广泛的地区和人群。政府还可以鼓励高校利用在线教育平台和教育应用软件，为学生提供更灵活的学习方式和个性化的学习支持。政府通过加大对信息技术基础设施的投入和加强网络建设，可以提升教育信息化水平，促进教育资源共享和教学质量的提升。

综上所述，教育改革和专业设置调整是政府推动高素质技术技能人才培养的重要举措。政府可以通过加强教育体制改革、优化专业设置、促进教育创新、推动教学与实践的衔接、推动教育国际化和跨学科发展等多个方面提升教育质量，培养适应技术创新环境的技术技能人才。然而，教育改革和专业设置调整还面临着一些挑战，如教育资源的不平衡、教师队伍建设的问题及评价体系的完善等。因此，政府需要进一步加大对教育改革和专业设置调整的支持力度，制定更加完善的政策措施，激发教育的内在活力，推动教育质量的不断提高。

三、政策支持与产学研结合

政策支持与产学研结合是促进高素质技术技能人才培养的关键举措之一。政府通过制定相关政策，可以为高素质技术技能人才的培养提供支持和保障。同时，政府可以鼓励高等教育机构与企业、科研机构和社会各界开展合作，推动产学研结合，加强教学和实践的衔接。

（一）政策支持是培养高素质技术技能人才的重要手段

政府通过颁布人才引进政策、建立人才评价机制和制定激励政策等一系列政策措施，引导和推动高素质技术技能人才培养工作的开展。一方面，政府制定了多种人才引进政策，为高素质技术技能人才在就业、居住和创业等方面提供便利。政府鼓励高校和科研机构引进海外优秀人才、知名学者与专家，为他们提供优厚的薪酬和福利待遇，创建良好的科研环境和团队氛围。另一方面，政府关注人才评价机制的建立和完善。政府可以制定人才评价标准和评估体系，通过评价激励，激发人才的潜力和创造力，促进其持续发展和成长。政府还可以鼓励高等教育机构和企业建立合作培养机制，制定双向评价机制，以确保培养出符合市场需求的高素质技术技能人才。

（二）产学研结合是培养高素质技术技能人才的重要途径

政府鼓励高等教育机构与企业、科研机构和社会各界建立紧密合作的机制，促进产学研结合，加强教学和实践的衔接。首先，政府可以加大对高校与企业合作的支持力度。政府通过出台相关政策、提供资金支持和税收优惠等激励措施，鼓励高校与企业建立长期稳定的合作关系。政府还可以推动高校与企业签订合作协议，在人才培养、科研合作、技术转移和人才流动等方面加强合作。其次，政府可以鼓励高校与科研机构和社会各界开展合作研究。政府通过提供资金支持和项目招标，鼓励高校与科研机构合作，共同开展前沿技术和科研创新，培养具备科研能力的高素质技术技能人才。最后，政府可以倡导研究成果的转化和应用，鼓励高校与企业合作推动科技成果的商业化和产业化，培养高素质技术技能人才的创业精神和科技创新的能力。

（三）政策支持与产学研结合需要政府和高等教育机构、企业等各方的共同努力

政府需要加大对教育和科研的投入与支持，制定更加完善和切实可行的政策措施，为高素质技术技能人才的培养创造良好的环境和条件。高等教育机构需要积极响应政府的政策导向，主动加强与企业和科研机构的合作，建立联合实验室、共享研究平台等合作机制，培养适应市场需求的高素质技术技能人才。企业需要充分发挥自身的优势和资源，积极参与人才培养和科研合作，为高素质技术技能人才提供实践环境和就业机会。

然而，政策支持与产学研结合的推动还面临着一些挑战和问题。第一，政府和高等教育机构需要加强沟通与合作，及时了解市场需求和社会变化，灵活调整政策和专业设置，保持与时俱进。第二，高等教育机构和企业需要加强对接与合作，加强信息共享、人才培养和科研合作等方面的协同，提高合作的质量和效果。第三，政府需要加大对高校和企业人才培养合作的监督与评估，以确保合作的效果和质量。

综上所述，政府通过制定相关政策和加大对产学研结合的支持力度，

促进高素质技术技能人才的培养。政策支持包括人才引进政策、人才评价机制和激励政策等方面，为高素质技术技能人才的培养提供了支持和保障。产学研结合通过加强高校与企业、科研机构和社会各界的合作，推动教学与实践的衔接，从而培养符合市场需求的高素质技术技能人才。然而，政策支持与产学研结合的推动还面临着一些挑战，需要政府、高等教育机构和企业等各方的共同努力，加强彼此间的合作与沟通，以解决实际问题，为高素质技术技能人才的培养创造良好的环境和条件。

四、培养机制与创新能力

高素质技术技能人才的培养是现代社会的重要任务，而培养机制与创新能力是提高高素质技术技能人才培养质量的关键要素。政府应与高等教育机构共同探索并建立适应现实需求的培养机制，关注学生的实践能力和创新能力的培养，以提高他们应对技术创新的能力和适应市场变化的能力。

培养机制的设计和实施对高素质技术技能人才的培养起着决定性作用。因此，政府与高等教育机构需要密切合作，不断改革教育体制和教学方法，创新培养模式。培养机制的设计要充分考虑社会需求和工作岗位的要求，结合实际情况，制定有针对性的培养方案。政府应鼓励高等教育机构与企业、行业协会等密切合作，开展产学研结合的教学模式，为学生提供更多的实践机会，培养他们与实际工作相符的技能和经验。政府还应鼓励开展与行业和企业的合作项目，将实际工作场景引入教学过程，提高学生的实践能力和解决问题的能力。此外，政府还应鼓励高等教育机构与国际知名高校开展合作，引进国际先进的教育理念和培养模式，提高学生的全球化素质并加强其竞争力。

创新能力是高素质技术技能人才培养的核心目标之一。政府与高等教育机构需要共同致力于培养学生的创新能力，鼓励他们独立思考、勇于尝试、解决问题的能力。政府应鼓励高等教育机构开展创新创业教育，提供创新创业实验基地和创新创业项目，为学生提供创新实践和创业培训的平台，以培养他们的创新创业意识和能力；政府应鼓励高等教育机构在课程设置和教学方法上加强创新元素的引入，鼓励学生在学习过程中进行主动探索和实践，以培养他们的创新思维和解决问题的能力；政府应鼓励高等教育机构加强科研能力培养，为学生提供科研训练和参与科研项目的机会，以培养他们的科学研究能力和创新能力。

因为教师在培养机制和创新能力的发展中扮演着重要角色，所以政府要加强对教师的培训和发展支持，提高教师的专业素养和教学能力，以更好地指导学生学习。政府应鼓励高等教育机构加强教师培训和交流，提供丰富的培训资源和专业发展机会，使教师了解最新的教学理念和教学方法；政府应鼓励高等教育机构与企业和科研机构合作，建立教师实践基地和科研实践项目，为教师提供实践经验，增强他们的实践能力和创新精神；政府应鼓励高等教育机构加强教师评价和激励机制，鼓励教师积极参与研究和创新活动，提高教师的研究能力和创新能力。

此外，政府与高等教育机构还需加强对学生的职业规划和就业指导，使他们能够更好地应对就业市场的需求。政府应鼓励高校提供职业规划与就业指导的课程和咨询服务，帮助学生了解就业市场和行业动态，提供就业技能培训和创业教育。政府还应与企业合作，开展实习和实训计划，为学生提供实践和就业机会，加强学校与企业之间的对接和合作，促使学生顺利就业。

总之，培养机制与创新能力是提高高素质技术技能人才培养质量的关键要素。政府与高等教育机构需要共同努力，通过设计和实施创新培养机制，注重学生的实践能力和创新能力的培养，加强教师的培训和发展，加强对学生的职业规划和就业指导，不断优化高素质技术技能人才的培养工作。然而，要提升培养机制和创新能力的质量，仍然面临着一些挑战，如找到有效的教学方法、培养学生的创新意识、与企业的合作等方面。因此，政府需要与高等教育机构、企业等各方共同努力，通过政策支持、资源投入与合作推动培养机制和创新能力的提升，为高素质技术技能人才的培养创造良好的环境和条件。

五、政策导向与法律法规

政策导向与法律法规在高素质技术技能人才的培养中具有不可忽视的重

要作用。政府通过制定相关政策和法律法规，引导和规范高素质技术技能人才的培养过程，为其提供政策支持和法律保障，以推动人才培养质量。

（一）政策导向

政策导向是指政府根据国家的发展需求和产业发展趋势，制定相关政策和规划，对高素质技术技能人才的培养目标、内容和方法进行指导。政府通过政策导向的塑造，可以激励和引导高等教育机构与教育从业者共同努力，以促进高素质技术技能人才培养质量的提升。

首先，政府在制定人才引进政策时，要结合国家发展需要和产业需求，鼓励引进优秀的国内外人才和知名学者。政府可以为他们提供优厚的薪酬和待遇，创造良好的科研环境和发展条件，吸引更多的高素质技术技能人才加入相关领域的教育和研究工作中。同时，政府还可以出台相应的人才试点政策，鼓励高等教育机构和科研机构在人才引进方面进行合作，为人才提供更多的发展机会和福利待遇，以提高他们留任的积极性。

其次，政府在制定职业教育政策时，要注重职业教育与产业需求的对接。政府可以通过产学研结合的方式，建立职业教育和企业的合作机制，为学生提供更多真实的职业体验和实习机会，提高他们的实践能力和创新能力。政府还可以通过职业资格认证制度的建立和完善，为学生提供适应市场需求的职业培训和认证证书，提高他们的就业竞争力和职业发展机会。

最后，政府在制定创新创业政策时，要鼓励高等教育机构加强创新创业教育，提供创新创业的政策支持和激励措施。政府可以通过设立创业基地、提供志愿者计划和举办创新创业大赛等方式，为学生提供创新创业的机会和平台。政府还可以推动高等教育机构与企业、产业园区等进行合作，搭建创新创业资源共享的桥梁，促进学生创新创业能力的培养。

（二）法律法规

除了政策导向外，法律法规的制定和实施对高素质技术技能人才的培养同样具有重要意义。法律法规是社会发展的重要保障和规范，通过法律法规，可以对高素质技术技能人才的培养进行监督和规范，保障其培养过程公平、公正和合法。

首先，政府可以通过《中华人民共和国教育法》《中华人民共和国职业教育法》《中华人民共和国高等教育法》等法律法规，明确高素质技术技能人才培养的目标和要求，推动高等教育机构加强内部管理和对教学质量的监控。政府还可以制定教育评估指标和制度，对高等教育机构进行评估和监督，确保他们按照政府的要求和标准进行高素质技术技能人才的培养。

其次，政府可以通过职业资格认证法规和相关的劳动法律法规，保障高素质技术技能人才在职业发展过程中的合法权益。政府可以建立职业资格体系和认证制度，明确职业资格认证的标准和程序，为学生提供合法的职业认证和发展机会。政府还可以加强劳动法律法规的制定和执行，确保学生在就业过程中享有合法的劳动权益和保障。

最后，政府可以制定与创新创业相关的法律法规，促进创新创业的发展。政府可以通过制定知识产权法律法规，保护高素质技术技能人才的知识产权，激励他们进行创新研发和知识产权的转化。政府还可以通过创新创业的税收优惠政策和金融支持政策，鼓励高素质技术技能人才进行创新创业活动，提高创新创业的成功率和效果。

然而，政策导向与法律法规的制定和实施仍然面临着一些挑战及问题。一方面，政府在制定相关政策和法律法规时，需要充分研究和了解高素质技术技能人才培养的实际需求与问题，避免过于僵硬和刻板的制度性安排，保持政策的灵活性和适应性；另一方面，政府及高等教育机构需要加强对政策与法律法规的普及和宣传，提高学生和教育从业者的法律意识与遵法意识，避免违法违规行为的发生。

总而言之，政策导向与法律法规在高素质技术技能人才的培养过程中起着重要的引导和规范作用，推动人才培养质量和效果的提高。然而，要更好地发挥政策导向与法律法规的作用，仍然需要政府与高等教育机构的共同努力，加强政策的研究与制定，健全法律法规的监督与执法体系，确保高素质技术技能人才培养的顺利进行。

六、小结

高素质技术技能人才培育的政策背景与国家发展战略、教育改革、资金投入和政策导向等方面息息相关。政府对高素质技术技能人才培育的支持和保障，将促进技术创新和经济社会的进步。然而，政策的制定与实施仍然面临着一些挑战和问题，需要进一步地研究和改进。未来，政府应不断完善政策措施，提高高素质技术技能人才培育的效果，以适应新时代的发展需求。

需要理解的是，政策对于技术技能人才培养的影响不仅直接反映在教育投入上，它们也在无形中塑造了教育和就业市场的环境。例如，一些国家和地区可能会选择发展特定的科技领域，如清洁能源、人工智能或者生物技术，并为此制定相应的政策以挽留和吸引相关技术技能人才。这些政策可以刺激投资，进一步推动高素质技术技能人才的培养。

政策既可以反映市场需求，如推动新的技术开发；又可以主导市场期待，如塑造未来技术发展的趋势。在这个意义上，政策不仅推动了技术的发展，也影响了人们对于高素质技术技能人才的定义和期待。因此，了解这些政策背景可以帮助我们更好地理解如何应对未来的人才需求。

在这个世界上，人们的生活、工作甚至思考方式都正在被科技的快速发展所改变。而能否跟上这种改变，甚至引领这种改变，往往取决于我国是否有足够的高素质技术技能人才。因此，理解政策背景是人才培养工作的关键部分。当然，政策也可能存在局限性。例如，过于依赖特定政策的技术领域可能会忽视其他领域，导致人才结构失衡；政策变动可能导致人才培养出现断层，影响整个社会的科技发展。因此，我国需要有一个全面的政策视角来理解和指导人才培养。

第二节　高素质技术技能人才培育的社会背景

随着科技的快速发展和社会的不断变革，高素质技术技能人才的培育成为现代社会的迫切需求和重要任务。这一培育背景涵盖了社会经济、科技创新、产业发展等多个方面的因素，对高素质技术技能人才的培养目标、内容和方法产生了重要影响。

一、社会经济背景

(一)高素质技术技能人才的培育是社会经济发展的必然需求

"劳动的社会性可以使人类把不同的活动甚至包括劳动的概念和执行从个体身上解脱下来,分配给不同的人去进行协作活动""社会分工使各个生产者的劳动由综合的多方面劳动,分为单一的局部劳动,各种局部劳动之间内在的社会联系会随着社会经济水平的发展而不断加深。"[①]尤其是在知识经济和技术创新的驱动下,高素质技术技能人才在推动产业升级、推动科技创新、提高生产效率等方面起到了重要作用。高素质技术技能人才能够有效应对技术变革和市场需求的变化,推动产业发展和经济增长,提高国家的竞争力和创新能力。社会对高素质技术技能人才的需求越来越迫切。

此外,社会经济发展也对高素质技术技能人才的培育提出了更高要求。例如,在服务业快速发展的背景下,需要培养一批具备创新能力和软实力的高素质技术技能人才,以满足不断升级和多样化的服务需求。又如,在制造业的转型升级过程中,需要培养一批具备先进技术和高端技能的人才,以提升企业的竞争力和产品质量。

(二)高素质技术技能人才的培育是社会经济发展的重要支撑和推动力

随着经济的全球化和科技的快速进步,社会对高素质技术技能人才的需求越来越迫切。这种需求不仅来自传统产业的转型升级,也来自新兴产业的崛起和现代服务业的发展。

在经济全球化的背景下,各国之间的经济联系更紧密,国际竞争日益激烈。企业要想在市场竞争中立于不败之地,就必须拥有一支高素质技术技能人才队伍。这些人才具备专业的知识和技能,能够应对全球市场的挑战,把握市场机遇。他们可以运用先进的技术和管理理念,提高企业的生产效率,降低成本,提升产品和服务质量,从而增强企业的竞争力。在全球化时代,高素质技术技能人才不仅是企业赢得市场份额的关键因素,也

[①] 谢富胜. 分工、技术与生产组织变迁[M]. 北京:经济科学出版社,2005.

是国家经济实力和影响力的重要标志。

知识经济的兴起使得高素质技术技能人才成为经济发展的新引擎。随着信息技术、生物技术、新材料等新兴产业的迅猛发展，对高素质技术技能人才的需求越来越多元化和专业化。新兴产业往往以技术创新和科学研究为核心，需要大量具备专业技能和创新能力的人才来支撑其高速发展。高素质技术技能人才可以运用先进的科技知识和技能，推动科技创新，开发新技术和新产品，培育新兴产业。他们不仅能够满足市场对高品质产品和服务的需求，也能够推动经济结构的优化升级，从而为经济发展注入新的动力。

现代服务业的快速崛起促使社会对高素质技术技能人才的需求不断增加。服务业已经成为支撑经济增长的重要引擎，在经济发展中占据越来越重要的地位。金融、教育、文化创意等领域对高素质技术技能人才的需求量大、质量要求高。高素质技术技能人才在服务业中扮演着关键角色，他们能够提供高质量的金融服务，推动金融业健康发展；他们具备专业的教育技能，可以为教育培训提供优质的资源和服务；他们可以运用创意技术，创造出具有竞争力的文化产品。高素质技术技能人才的培育促进了服务业的提质增效，推动了现代服务业迈向更高水平，提升了经济发展的整体质量和效益。

（三）高素质技术技能人才的培育对于推动产业升级和转型升级具有重要意义

在经济发展的过程中，传统产业逐渐失去竞争力，需要进行结构调整和升级。高素质技术技能人才的培育可以帮助企业引入先进的技术和管理理念，推动传统产业向高技术含量、高附加值的产业转型。他们具备专业知识和技能，能够研发新技术、新工艺和新产品，为企业提供新的竞争优势。此外，高素质技术技能人才还能够运用先进的生产和管理经验，提升企业的生产效率和管理水平。高素质技术技能人才的培养为产业升级和转型提供了源源不断的动力，推动了经济发展的可持续性和稳定性。

（四）高素质技术技能人才的培育对实现可持续发展至关重要

随着环境污染、资源短缺和能源危机等问题日益突出，可持续发展成为全球关注的焦点。高素质技术技能人才的培养可以推动绿色技术和可持续发展产业的发展，提高资源利用效率，降低环境污染，推动经济发展和生态保护的双赢。高素质技术技能人才具备环境意识和绿色技术的知识，能够开发和应用可再生能源，提出环境友好型的生产和管理方案。高素质技术技能人才的培育对于实现经济增长与环境保护的双重目标至关重要。

政府在制定相关政策时，应根据社会经济的发展趋势和需求，为高素质技术技能人才的培养提供政策支持和引导。政府可以通过资助高等教育、提供科研经费、推行税收优惠等政策措施，为高素质技术技能人才的培养提供经济保障和利益激励。政府还可以在人才引进、职业教育和创新创业等方面制定相关政策，鼓励和引导高素质技术技能人才的培养与发展。

高等教育机构在培养高素质技术技能人才时，应紧跟社会经济的发展趋势和需求，不断优化培养方案和课程设置，强化实践教学和创新能力培养，为学生提供与社会需求匹配的教育服务。高等教育机构还应加强与企业和行业的合作，搭建实习基地和科研平台，为学生提供实践锻炼和创新创业的机会。

企业作为高素质技术技能人才的用人单位，也应充分了解社会经济的发展需求和趋势，调整人才招聘和培养策略。企业要积极参与高素质技术技能人才的培养和发展，提供专业实训机会和职业发展通道，为学生提供广阔的就业空间和发展平台。

综上所述，社会经济背景下的高素质技术技能人才培育是当今社会发展的迫切需求。政府、高等教育机构和企业等各方应加强合作，根据社会经济的发展需要，制定相关政策和措施，优化高素质技术技能人才的培养环境和条件，为社会经济的可持续发展提供有力支持。

二、科技创新背景

科技创新是推动社会进步和发展的重要引擎，在这一背景下，培养高素质技术技能人才就显得尤为重要。随着科技的不断发展及科技应用的推进，社会对相关领域高素质技术技能人才的需求越来越大。培养具有创新能力和实践经验的人才，能够推动科技创新的加速和科技成果的转化。

在新一代信息技术的快速发展过程中，数据分析、人工智能、云计算

第一章　高素质技术技能人才培育的背景分析

等领域对高素质技术技能人才具有很高的需求。这些领域的人才需求不仅仅局限于技术能力，还包括具备良好的科研素质、创新能力、团队合作能力和快速学习能力等。随着人工智能、物联网和大数据等技术应用范围的不断扩大，社会对高素质技术技能人才的需求将更加迫切。

（一）科技创新是当今社会经济发展的重要动力源泉

随着经济全球化和知识经济的快速发展，科技创新对于提高生产力、推动经济增长和提升竞争力的作用日益凸显。在这样的背景下，培育高素质技术技能人才成为推动科技创新的关键因素。

信息技术的迅猛发展为科技创新创造了新的机遇。随着互联网和移动通信的普及，以及云计算、大数据、人工智能等信息技术的快速发展，信息时代的科技创新呈现出前所未有的速度和广度。高素质技术技能人才具备信息技术的专业知识和技能，能够运用先进的信息技术手段进行科学研究和工程实践，能够利用大数据分析和人工智能算法从庞大的数据中发现问题、解决问题，从而推动科技的进步和创新。例如，通过对大数据的深度挖掘分析，可以发现产品设计和市场趋势的微妙变化，从而为企业提供精准的市场预测和决策支持。高素质技术技能人才的培养和发展能够满足社会对于信息技术创新的需求，为未来科技创新提供更广阔的空间和发展潜力。

（二）新兴技术的涌现为科技创新提供了新的驱动力

在全球范围内，生物技术、新材料技术、新能源技术等新兴技术正处于飞速发展的阶段。这些新兴技术突破了传统的技术和方法，为产业转型和经济发展带来了新的机遇与挑战。高素质技术技能人才能够在新兴技术领域开展科研工作和进行技术创新，能够不断探索和应用新的科学发现，实现技术突破，为社会经济发展注入新的动力。例如，生物技术的快速发展为医药生物产业的发展提供了巨大机遇，高素质技术技能人才的培养和引进能够推动创新药物的研发与生产，改善医疗服务质量，助力社会健康事业的发展。因此，培育高素质技术技能人才是保持国家科技创新竞争力和促进经济发展的根本动力。

（三）创新创业的风潮已经成为推动科技创新的重要动力

在经济发展和市场竞争日益激烈的背景下，创新创业已经成为企业发展和经济增长的重要途径。不仅是大型企业，中小企业和创业公司也在不断涌现，尝试着通过创新和创业来寻找新的商机与利润增长点。高素质技术技能人才具备创新思维和创业精神，能够在科技创新和创业的过程中发现问题与解决问题，从而推动社会经济的发展；能够敏锐地捕捉市场变化和需求，通过技术创新和商业模式创新开辟新的市场与业务领域。例如，高素质技术技能人才可以利用互联网技术和营销策略开拓电子商务市场，提供创新的产品和服务，满足消费者的个性化需求。不仅如此，他们还可以积极参与技术成果的转化和商业化应用，促进科技创新成果的转化。因此，培养高素质技术技能人才，提升其创新和创业能力，有助于推动科技创新在经济中的广泛应用，并为经济增长提供新的助推器。

（四）国家战略和政府的支持为科技创新提供了有力的保障与引导

政府对于科技创新的重视程度不断提高，纷纷制定和实施科技创新发展战略。各国政府加大了对科技创新的投入，提高创新创业的政策支持和金融支持力度，鼓励和引导各个层面的科技创新。例如，政府通过资助科研项目、建立创新创业基金、进行科技创新奖励等政策措施，支持高素质技术技能人才的培养和发展；政府加强对科技创新的监管，为创新活动提供良好的环境和条件。同时，政府可以加大对科技创新成果转化和技术市场化的支持力度，推动科技创新成果的商业化和产业化应用。这些政府的支持和引导为高素质技术技能人才的培养及发展提供了新的机遇与动力。

综上所述，在科技创新背景下，高素质技术技能人才的培养对于社会经济发展具有重要意义。信息技术的快速发展、新兴技术的涌现、创新创业的推动，还有国家战略和政府支持的加强，都为高素质技术技能人才的培养提供了新的机遇和动力。政府、高等教育机构与企业等各方应根据科技创新的需求和趋势共同努力，加强合作，制定政策和措施，创造良好的环境和条件，以培养更多具备高素质技术技能的人才，为科技创新和社会经济的可持续发展提供有力支撑。

三、产业发展背景

产业结构调整与转型升级对于高素质技术技能人才的培育提出了新要

求。"产业结构的升级实质是高效率部门对低效率部门的替代,高效率产业对要素和资源的吸纳可以加速低效率产业的被替代过程,从而提高经济增长效率"①。随着传统产业的转型和新兴产业的兴起,社会对高素质技术技能人才的需求逐渐增长。例如,在制造业的转型升级中,对具备智能制造技术、先进制造技术和工程技术能力的高素质技术技能人才的需求增加。在金融、教育、文化创意等服务业的发展中,对具备创新思维、沟通协调和管理能力的高素质技术技能人才的需求增加。

此外,随着新能源、生物医药、高端装备制造等新兴产业的快速崛起,对高素质技术技能人才的需求也在不断增加。新兴产业对高素质技术技能人才的要求往往更高,需要他们具备前瞻性的科技研发能力、创新意识和实践经验等。因此,高等教育机构需要根据产业发展的需求和动态,及时调整和优化培养方案与内容,以确保培养出符合产业需求的高素质技术技能人才。

产业发展是社会经济发展的重要支柱,也是提高国家竞争力和人民生活水平的关键所在。在全球化和知识经济时代背景下,随着科技创新和市场变化的不断推动,产业结构也在不断优化与调整。因此,培养高素质技术技能人才对于促进产业发展具有重要的意义。

(一)现代制造业升级与转型对高素质技术技能人才提出更高要求

随着科技进步和市场需求的不断变化,制造业正朝着高端、智能化、绿色化的发展方向转变。传统的人工劳动排除了低效率、高成本和环境污染等问题,现代制造业将重点放在技术创新和高素质技术技能人才的培养上。高素质技术技能人才能够适应新技术、新材料、新工艺的应用,具备高度的技术专业性和创新能力;能够借助先进的技术和设备开发新产品,提高生产效率,降低能源消耗,推动制造业实现技术升级和产业转型。例如,机器人和自动化技术的引入使得制造业生产过程更加智能化与自动化,高素质技术技能人才的培养和应用能够为企业提供更高质量、更高效率、更环保的生产方式。因此,高素质技术技能人才的培养对于现代制造

---

① 王锐. 新常态下我国产业结构变迁对经济增长方式的影响[J]. 商业经济研究,2019(05):160-162.

业的升级与转型具有重要推动作用。

（二）服务业快速发展和变革对高素质技术技能人才提出新的挑战与需求

服务业已经成为国家经济发展的重要引擎和增长点。新兴服务业如金融、教育、医疗、旅游、文化创意等领域对高素质技术技能人才的需求日益增加。高素质技术技能人才在服务业中能够提供高质量和创新性的服务，满足不断升级的消费需求。例如，在金融领域，高素质技术技能人才具备金融数学、风险管理、投资分析等方面的专业知识和技能，能够为客户提供个性化的解决方案，推动金融业发展，提高金融创新能力；在教育领域，高素质技术技能人才能够运用现代教学技术和方法，提供个性化、定制化的教育服务，推动教育质量的提升和教育模式的创新。因此，将高素质技术技能人才的培养与服务业的发展相结合，能够推动服务业提质增效，推动经济结构的升级和转型。

（三）新兴产业崛起为高素质技术技能人才的培养提供新的机遇和挑战

"在新一轮科技革命与产业变革快速推进和中国加快新旧动能转换的背景下，新经济已经成为推动经济质量变革、效率变革和动力变革的关键力量"[①]。新兴产业（如生物技术、新能源、新材料、人工智能等）在全球范围内迅猛发展，并成为推动经济增长和创新发展的重要引擎。高素质技术技能人才对新兴产业的发展起着关键作用。他们具备先进的科学知识和技能，能够从事科技研究和工程实践。高素质技术技能人才通过科技创新和应用先进技术，能够推动新兴产业高速增长，培育出具有市场竞争力的高科技产品和服务。例如，在新能源领域，高素质技术技能人才能够运用先进的能源技术，如太阳能、风能等，实现能源替代、减少碳排放，为国家做出贡献。因此，高素质技术技能人才的培养和发展是新兴产业发展的关键。

（四）绿色环保发展对高素质技术技能人才的培养提出更高要求

随着全球环境问题的日益严重，包括气候变化、环境污染和资源枯竭

---

① 师博，张冰瑶. 新时代、新动能、新经济——当前中国经济高质量发展解析[J]. 上海经济研究，2018（05）：25-33.

等，在社会各界的绿色环保意识不断增强的背景下，企业应当适应绿色环保的需求。对环境进行规制，能够促进产业结构绿色发展，实现一定方面的产业结构升级，"只有在技术创新水平较高时，环境规制才能促进产业结构升级，否则会抑制产业结构升级"[①]。高素质技术技能人才能够研发和推广绿色技术、绿色产品与绿色生产方式。例如，高素质技术技能人才能够运用可再生能源技术，提供清洁能源解决方案，推动能源的可持续发展。在生产过程中，他们能够运用绿色材料、节能技术及环保工艺，减少资源消耗和环境污染。同时，高素质技术技能人才的培养需要注重绿色理念和环境意识的培养，使其在实践中始终将环境保护放在首位。因此，高素质技术技能人才的培养与绿色环保发展是紧密相关的，可以为产业发展带来良性循环和可持续发展的动力。

综上所述，在产业发展背景下，培育高素质技术技能人才对于促进产业升级和创新发展具有重要意义。现代制造业的升级与转型、服务业的快速发展和变革、新兴产业的崛起、绿色环保发展等因素都对高素质技术技能人才的培养提出了新要求。政府、高等教育机构和企业等各个层面应加强合作，根据产业发展的需求，制定相关政策和措施，优化高素质技术技能人才的培养环境和条件，为产业发展提供有力支撑。

四、市场竞争背景

在全球化和市场竞争日益激烈的背景下，高素质技术技能人才的培育越发重要。随着经济全球化的深入发展，各国之间的市场竞争日益激烈，高素质技术技能人才成为企业和国家竞争力的重要源泉。具有国际化视野、跨文化沟通和合作能力的高素质技术技能人才更能适应市场的需求与挑战，为企业和国家赢得竞争优势。

（一）市场竞争加剧对高素质技术技能人才的自身素质提出更高要求

在知识密集型和技术密集型行业，高素质技术技能人才需要具备扎

[①] 孙玉阳，穆怀中，范洪敏等. 环境规制对产业结构升级异质联动效应研究[J]. 工业技术经济，2020（04）：89-95.

实的专业知识、灵活的学习能力、快速适应能力和创新思维等，还需要具备良好的团队合作精神和沟通协调能力，能够在团队中充分发挥自己的能力，共同迎接市场竞争的挑战。

市场竞争是现代经济运行的核心要素，也是推动产业发展和经济增长的重要推动力。随着全球化和数字化的快速发展，市场竞争不断加剧，培育高素质技术技能人才具有重要意义。

在全球化的背景下，市场竞争变得越来越激烈。随着国际贸易的发展和经济一体化的加深，企业面临的市场竞争不再局限于国内市场，更需要在全球范围内寻找机会并应对挑战。全球市场的竞争加剧使企业不得不面对来自世界各地的竞争对手，其市场份额和利润空间变得更有限。高素质技术技能人才作为企业的核心竞争力，具有全球化思维和跨文化沟通能力，能够适应和把握不同国家及地区的市场需求与商业机会，能够制定相应的战略和营销策略，打造具有竞争力的产品和服务，为企业在全球市场中谋求发展提供有力支持。

（二）数字化经济快速发展给市场竞争带来新的挑战和机遇

互联网和移动互联网的普及促使数字化经济成为全球经济增长的主要驱动力之一。数字化经济的快速发展改变了传统产业的商业模式和市场格局。高素质技术技能人才具备数字技术和数据分析技能，能够深度挖掘市场数据，了解消费者的需求和市场的发展趋势，并基于此制定市场策略和进行产品创新；能够通过大数据分析和人工智能技术，推动个性化定制和智能化服务，提升企业在市场上的竞争力。例如，在电子商务领域，高素质技术技能人才能够运用电商技术和数字营销手段，推动产品和服务的在线销售，提升企业的市场份额。数字化经济的快速发展使得市场竞争更加激烈，培育高素质技术技能人才对于企业在数字化经济时代的市场竞争具有重要意义。

（三）创新型创业盛行使得市场竞争日益激烈

科技创新和商业模式的不断涌现为市场竞争注入了新活力。创新型创业成为推动经济增长和产业变革的重要力量。高素质技术技能人才作为创新的主要驱动力，具备创新思维和创新能力，能够抓住市场的变化和机遇，推动企业不断创新。高素质技术技能人才通过技术创新和商业模式创新，研发出具有市场竞争力的新产品和更优质的服务，可以满足消费者日益增长的需求。在创新型创业的竞争环境中，高素质技术技能人才的培养对于企业的市场竞争具有重要意义。

（四）消费者需求多样化和个性化加大市场竞争的压力

随着生活水平的提高和消费观念的转变，消费者对产品和服务的要求越来越高。消费者不再满足于传统的标准化产品，而是更加注重个性化和定制化的体验。高素质技术技能人才具备市场调研和用户洞察的能力，能够深入了解消费者的需求和心理，为消费者提供个性化和定制化的产品与服务。高素质技术技能人才通过技术和创新，能够满足消费者的个性化需求，为消费者提供更高品质的产品和更好的用户体验。例如，在互联网领域，高素质技术技能人才能够运用人工智能技术和大数据分析，开发智能化产品，提供个性化的解决方案，满足消费者的多样化需求。高素质技术技能人才能够利用大数据分析和用户行为分析，了解消费者的购买习惯和喜好，通过个性化推荐和定制化等方式，提供更加贴心和精准的产品与服务。

在满足消费者需求并保持市场竞争力的前提下，培养高素质技术技能人才具有重要的意义。因此，在市场竞争背景下培育高素质技术技能人才对于企业和产业发展具有重要意义。全球市场竞争的加剧、数字化经济的快速发展、创新型创业的盛行及消费者需求的多样化和个性化等因素都对高素质技术技能人才的培养提出了新要求。政府、高等教育机构和企业等各个层面应加强合作，制定相关政策和措施，优化高素质技术技能人才的培养环境和条件，促进高素质技术技能人才的培养和发展，为市场竞争提供强有力的人才支持。

第三节　高素质技术技能人才培育的时代背景

一、全球化背景下高素质技术技能人才的需求

"现代科学和技术是超越性的，即超越了民族、地域、国家乃至文化圈的界限，科学对客观世界的解释不会因民族和地域的不同而变化，机械

化、标准化的技术也常常是全球一统的"①。在全球化背景下,科技进步和经济发展呈现出跨国界、跨地域与跨学科的特征。全球化的浪潮不仅带动了国际贸易和资本流动,还促进了知识和人才的国际流动。在这样的大背景下,高素质技术技能人才的需求也发生了重大变化。

(一)全球化推动了经济结构的转型与升级

在全球化的背景下,各国经济相互依存,经济结构也由传统的农业和制造业逐渐转向为以服务业与知识经济为主导的现代产业。这就要求企业和相关机构必须拥有高素质技术技能人才,能够适应和推动经济结构的转型与升级。例如,在金融服务业,全球化的竞争要求金融机构拥有高素质的金融专业人才,能够运用现代金融工具和技术,为客户提供全面和个性化的金融服务。同时,高素质技术技能人才还必须能够运用先进的科技手段,推动各行各业的创新与转型。

(二)全球化加速了国际科技创新与合作

全球化使得科技创新成为国家竞争力的关键所在。各国相互学习和借鉴,加强国际科技合作,形成了以知识共享和合作创新为特征的科技创新格局。在这种格局中,高素质技术技能人才的培养具有重要意义。他们能够掌握先进的科学知识和技术,融汇各国的科技成果,促进科技创新的发展。例如,高素质的科研人才能够参与国际科研合作项目,开展前沿科学研究,推动科技领域的突破与进步;高素质的工程技术人才能够参与国际工程项目,运用先进的技术和管理手段,推动工程方面的创新和发展。因此,在全球化的背景下,高素质技术技能人才具有巨大的潜力和市场需求。

(三)全球化加剧了劳动力市场的竞争与人力资源的流动

全球化背景下,人力资源可以从全球范围内获得,为企业和机构提供更广阔的人才选择空间。在这样的市场竞争下,国家和地区需要拥有高素质技术技能的人才,从而提升其在全球经济中的竞争力。例如,中国《国家中长期人才发展规划纲要》、引进海外高层次人才的"千人计划"和美国的"卓越科学家计划"等,都是为了吸引和培养国际一流的高素质技术技能人才,推动国家的科技创新和经济发展。此外,随着全球移民的增多,各国对外籍

---

① 万辅彬,韦丹芳,孟振兴. 人类学视野下的传统工艺[M]. 北京:人民出版社,2011.

高素质技术技能人才的需求也日益增长。许多发达国家都制定了吸引海外高素质技术技能人才的政策和措施，以弥补本国技术技能人才的短缺。因此，全球化背景下高素质技术技能人才的培养成为各国争夺人才的重要举措。

在全球化的背景下，高素质技术技能人才的需求日益增加。全球化促使各国经济之间相互依存、相互竞争，并加速了知识和人才的国际流动。在这种背景下，高素质技术技能人才成为推动经济发展和创新的关键要素。因此，各国政府、企业和教育机构都将培养高素质技术技能人才作为国家发展战略的重要方向。

在全球化的背景下，许多国家面临经济结构的转型与升级，因而增加了对高素质技术技能人才的需求。传统的农业与制造业正在逐渐被以服务业和知识经济为主导的现代产业所取代。这种经济结构的转变需要大量具备高素质技术技能的人才来推动。高素质技术技能人才能够适应不断变化的市场需求，掌握先进的科技知识和技能，运用先进的技术和管理手段，推动产业的转型与升级。

在全球化的背景下国际科技创新与合作飞速发展，对高素质技术技能人才的需求日益增加。在全球化的浪潮下，各国之间的科技合作日益紧密，知识和技术的国际流动成为常态。全球范围内的合作使科技创新不再局限于国家和地区，而是成为全球经济增长的重要驱动力。因此，培养高素质技术技能人才具有重要意义。

在全球化的背景下，各国政府都将培养高素质技术技能人才作为国家发展战略的重要方向。培养高素质技术技能人才不仅需要传授其先进的科技知识和技能，还需要培养其具备全球化思维、跨文化沟通和团队合作等能力。此外，各方应加强国际合作，分享科技创新成果，为高素质技术技能人才的培养创造更加有利的环境和机制。通过努力，各方共同推动高素质技术技能人才的培养与发展，为全球化时代的经济发展和创新提供有力支撑。

二、科技创新和产业升级对高素质技术技能人才提出了更高要求

科技创新和产业升级成为国家发展的重要引擎与新的经济增长点。在

此背景下，国家和社会对高素质技术技能人才提出了更高的要求。

（一）科技创新成为推动经济增长的重要动力

随着全球科技创新水平的不断提升，各国都将科技创新作为实现可持续发展的关键。高素质技术技能人才在科技创新中具有不可替代的作用。因为他们具备先进的科学知识和技术，能从事前沿科学研究和技术开发，并能将研究成果转化为具有市场竞争力的产品和服务。例如，生物技术、医药技术、信息技术、新能源技术等领域的科研人才能够为国家和企业带来丰富的创新成果，推动相关产业的发展和壮大。因此，科技创新对高素质技术技能人才的要求不仅在于掌握先进的科学知识和技术，更在于创新思维。

（二）产业升级需要高素质技术技能人才的支撑

随着全球产业结构的变革和经济发展，各行各业都需要高素质的技术技能人才来推动产业升级。例如，在制造业中，传统的劳动密集型产业逐渐被高科技、智能化的制造业替代。高素质技术技能人才能够适应新技术、新材料和新工艺的应用，并具备高度的技术专业性和很强的创新能力。他们能够通过技术创新和工艺改进，提高生产效率和产品质量，推动制造业向高端、智能化和绿色化方向发展。在服务业中，高素质技术技能人才能够运用现代技术手段，提供个性化和定制化的服务，推动服务业的升级和发展。产业升级对高素质技术技能人才的培养提出了更高要求，需要企业和高等教育机构共同合作，建立相应的培养机制和培养模式。

科技创新和产业升级的需求对高素质技术技能人才提出了更高要求，这是一个全球共同面临的挑战。随着全球经济的快速发展和科技的飞速进步，各个行业都在不断追求创新和升级，以应对日益激烈的竞争和满足市场持续变化的需求。在这样的背景下，高素质技术技能人才成为推动科技创新和产业升级的关键要素。

在科技领域，高素质技术技能人才需要不断学习与更新自己的知识和技能，以跟上科技的发展步伐。他们还需要具备扎实的专业知识和技能，以适应并应用新技术。例如，在人工智能领域，随着机器学习和深度学习等技术的飞速发展，高素质技术技能人才需要掌握新的编程语言、算法和模型，以开发智能化应用，如语音识别、图像处理、自然语言处理等；随着区块链技术的兴起，高素质技术技能人才需要了解区块链的原理和应用，以推动金融、供应链、医疗等各个领域的创新。

产业升级也对高素质技术技能人才提出了更高要求。在市场竞争日益激烈和技术进步不断推动产业发展的情况下，传统产业需要不断升级和改进，以满足市场的需求。高素质技术技能人才在此过程中扮演着关键的角色。他们需要引领和推动产业转型与升级，通过创新的思维和方法，将新技术和新概念引入传统产业中。例如，在制造业领域，为应对智能制造的发展趋势，高素质技术技能人才需要具备先进的工程技术知识和自动化设备操作能力，以实现智能制造、自动化生产和数字化管理；在农业领域，高素质技术技能人才需要掌握农业生产的新技术和新方法，如精准农业、无人机应用、农业物联网等，以提高农产品的品质、产量和效益。

高素质技术技能人才需要具备创新能力和团队合作精神。在科技创新和产业升级的过程中，高素质技术技能人才需要解决复杂的问题，还要面对很多不确定性。所以，高素质技术技能人才需要具备创新思维和创业精神，能够提出新的想法和解决方案。同时，他们还需要与不同领域的专家和团队进行合作，共同推动科技创新和产业发展。例如，在能源领域，要推动能源领域的创新和升级，高素质技术技能人才需要与材料科学、化学工程、环境科学等专业领域的专家进行合作，共同研发和应用新的能源技术。

高素质技术技能人才需要具备全球视野和国际交流能力。在全球化背景下，科技创新和产业升级已经不再局限于本国的范围，需要与其他国家或地区进行合作和交流。高素质技术技能人才需要了解和应对国际市场的需求与竞争，具备国际化乃至全球化的思维和视野。例如，在汽车制造业领域，全球化的竞争加大了其对高素质技术技能人才的需求。高素质技术技能人才需要具备全球化思维和跨文化沟通能力，能够在全球范围内开展合作和交流，以推动汽车产业的创新和升级。在互联网领域，全球化的竞争和用户需求的多样化也要求高素质技术技能人才具备全球化视野与跨文化交流的能力，以推动互联网产业的跨国合作和创新发展。

总之，科技创新和产业升级的需求对高素质技术技能人才提出了更高要求。他们需要具备扎实的专业知识和技能、创新能力和团队合作精神，以及全球化视野和国际交流能力。只有具备这些能力和素质的高素质技术技能人才，才能在科技创新和产业升级的浪潮中立于不败之地，从而推动经济社会的可持续发展。

三、面对不确定性和复杂性挑战，培养高素质技术技能人才具有重要意义

（一）当代社会经济发展面临的不确定性与复杂性挑战

1. 不确定性的增加

不确定性因素的增加是全球化和科技进步带来的重要影响之一。全球化的进程使得各国经济和产业相互关联，市场需求和竞争状况随时会发生变化。市场的快速变化要求企业需要时刻敏锐地捕捉变化，并及时做出相应的调整来应对不确定性。除了市场因素外，科技的快速进步和创新也加剧了不确定性的程度。新技术的出现和应用给传统产业带来了更多的变数与不确定性。

在科技创新和产业升级的过程中，不确定性因素的集聚也是一个重要挑战。在技术的发展和商业的推广中存在很多不确定性因素，如技术的可行性、市场的接受度、政策的支持等。

2. 复杂性的挑战

技术创新和发展带来了新的伦理与社会问题，需要高素质技术技能人才的引领和管理。例如，人工智能、基因编辑等前沿科技的发展引发了关于数据隐私、人员安全和伦理道德等问题的讨论。高素质技术技能人才具备科学素养和伦理意识，能够在技术创新与道德原则之间进行平衡并做出正确的决策，能够通过科学研究和技术监管，引领技术的安全应用和保证社会发展的可持续性。

科技创新往往涉及多个学科领域的交叉融合，需要不同领域的专业人才共同协作。例如，气候变化、能源危机、疾病防控等全球性问题的解决需要各国共同努力。

（二）高素质技术技能人才在面对不确定性和复杂性时应当具备的能力

在当前不确定性和复杂性的挑战下，培养高素质技术技能人才成为保持国家竞争力和持续发展的关键。

高素质技术技能人才需要具备敏锐的洞察力和前瞻性思维，能够预测市场变化趋势，并及时调整企业的战略和业务模式，以应对市场的不确定性；能够通过市场调研和分析，掌握市场导向的决策与创新能力。例如，随着互联网的兴起，传统零售业面临着巨大的挑战和变革。高素质技术技能人才需要具备敏锐的商业洞察力，能够抓住互联网技术的发展趋势，提前调整企业的经营模式和服务定位；能够通过数据分析、市场调研和创新思维等手段，了解消费者的需求变化，为企业持续创造有价值的产品和服务。

高素质技术技能人才需要具备跨学科的理解和沟通能力，能够有效地与其他领域的专业人才进行合作和协作。例如，在智能交通领域，高素质技术技能人才需要了解交通工程、计算机科学、通信技术等多个学科的知识，以推动智能化交通系统的研发与应用；需要协调不同领域的专业人才，共同解决智能交通系统中的技术和应用难题。在人工智能领域，高素质技术技能人才需要了解计算机科学、机器学习、数据挖掘等多个学科的知识；需要与语音学家、图像处理专家、自然语言处理专家等进行合作，共同推动智能化应用的发展。在解决全球性问题，如气候、能源等，高素质技术技能人才能够运用先进的科技手段开展环境保护、节能减排和可持续发展的工作，为解决全球性问题做出贡献。

高素质技术技能人才需要具备风险意识和风险管理能力，能够对不确定性因素进行评估和应对。例如，在新能源行业，可再生能源技术的发展面临着诸多不确定性因素，如政策支持的不稳定性、市场需求的波动性等。高素质技术技能人才需要通过对政策和市场的分析，以及对技术的评估和改进，来降低不确定性因素对业务发展的影响；需要关注国内外政策的变动与趋势，评估其可能带来的风险和机遇；同时，他们还需要与政府、企业和其他利益相关者密切合作，以增强项目的可行性。

（三）高素质技术技能人才的培养目标与方式

为了培养高素质技术技能人才，各国政府、教育机构和企业都需要加强合作，共同推动人才培养和发展。

1. 培养目标

首先，高素质技术技能人才具备创新能力和解决问题的能力，能够在不确定性环境下提出新的想法和解决方案，推动科技创新。其次，高素质技术技能人才具备学习和适应的能力，能够快速掌握新知识和新技术，以应对市场变化和产业发展的需求。最后，高素质技术技能人才具备与团队合作和沟通的能力，能够与不同领域的专业人才进行合作和协作，以应对复杂性挑战。

2. 培养方式

首先，要优化教育体系，为学生提供广泛的专业培训和实践机会，培养学生的专业知识和技能。教育机构可以与企业合作，开设相关专业课程和实习项目，使学生接触到最新的科技发展和产业需求。其次，要加强学科交叉和跨学科教育，培养学生的综合能力和跨领域合作能力。最后，要鼓励和支持学生进行科技创新与实践性学习。

四、小结

高素质技术技能人才的培养与全球化背景、科技创新和产业升级的需求、不确定性和复杂性的挑战密切相关。在全球化的背景下，社会对高素质技术技能人才的需求日益增加，各国纷纷采取措施来培养和引进高素质技术技能人才。科技创新和产业升级对高素质技术技能人才提出了更高的要求，需要他们具备创新能力和团队合作能力。在面对不确定性和复杂性挑战时，培养高素质技术技能人才成为保持国家竞争力和保证持续发展的关键。因此，各国政府、高等教育机构和企业应加强合作，制定相关政策和措施，优化高素质技术技能人才的培养环境和条件，推动高素质技术技能人才的培养和发展。

第二章　高素质技术技能人才培育范式的内涵研究

第一节　高素质技术技能人才的内涵界定

高素质技术技能人才的内涵界定是科技创新和产业升级中的关键问题。随着科技的快速发展和产业的不断升级，高素质技术技能人才成为推动创新和发展的核心要素。然而，高素质技术技能人才的定义和内涵，在不同国家和不同领域会存在差异。因此，界定高素质技术技能人才的内涵具有重要的理论和实践意义。

一、高素质技术技能人才的概念解析

高素质技术技能人才是指在特定领域或专业中掌握扎实的技术知识和技能，具备创新能力和解决问题的能力，能够应对不确定性和复杂性的挑战，推动科技创新和产业升级的人才。高素质技术技能人才的内涵涉及多个方面，如专业知识和技能、创新能力、问题解决能力、跨学科综合素质、沟通能力和团队合作能力等。

（一）高素质技术技能人才需要具备扎实的专业知识和技能

高素质技术技能人才在特定领域或专业中具备广泛且深入的知识和技术技能，能够熟练地应用这些知识和技能解决实际问题。高素质技术技能人才的专业知识不仅包括理论知识，还涵盖实践经验和操作技能。在不同领域，高素质技术技能人才的专业知识和技能有所不同。例如，在机械制造领域，高素质技术技能人才需要熟悉机械设计和制造工艺，具备CAD/CAM等专业软件的操作技能；在生物医药领域，高素质技术技能人才需要

掌握生物学、药学和医学等相关知识，并具备实验室技术和研发能力。

（二）高素质技术技能人才需要具备创新能力

创新能力是指能够提出新的想法、新的解决方案或具备将现有知识和技术应用于创造性工作的能力。高素质技术技能人才具备创新思维和敢于尝试的精神，能够在问题解决过程中运用创新思维，发现和利用新的机会与资源，推动科技创新和产业的发展。创新能力可以体现在技术、产品、工艺、管理等多个方面。例如，在信息技术领域，高素质技术技能人才能够提出新的算法、模型或方法，解决现实中的复杂性和不确定性问题。他们能够从传统的解决方案中找到突破点，提供新的思路和解决方案，推动技术的发展和应用。

（三）高素质技术技能人才需要具备问题解决能力

问题解决能力是指能够准确地识别问题、分析问题产生的原因，并提出有效解决方案的能力。高素质技术技能人才具备全面的分析和推理能力，能够将问题拆解为更小的部分，并发现问题解决的潜在方案。问题解决能力包括问题识别、问题定义、问题分析、方案设计等多个环节。高素质技术技能人才能够面对复杂问题，了解问题的核心和本质，运用适当的方法和工具进行分析与解决。例如，在制造业中，高素质技术技能人才能够识别生产过程中的瓶颈和问题，分析根本原因，并提出改进措施，提高生产效率和质量。

（四）高素质技术技能人才需要具备跨学科综合素质

随着科技的发展和产业的进步，专业技能往往不再局限于一个领域，需要与其他学科或领域相互融合。因此，高素质技术技能人才需要具备跨学科的综合素质，能够理解和运用其他学科的知识与技能。跨学科的综合素质包括学科交叉融合能力、跨领域合作能力、综合创新能力等。高素质技术技能人才能够将多个学科领域的知识和技能结合起来，以解决复杂问题。例如，在智能交通领域，高素质技术技能人才需要了解交通工程、计算机科学、通信技术等多个学科的知识，以推动智能化交通系统的研发与应用。他们需要协调不同领域的专业人才，共同解决智能交通系统中的技术和应用难题。

（五）高素质技术技能人才需要具备良好的沟通能力和团队合作能力

1. 良好的沟通能力

科技创新和产业升级往往需要许多人的协作与共同努力。在跨学科和创新团队中，高素质技术技能人才需要具备良好的口头和书面沟通能力，能够准确地表达自己的思想和观点，并正确理解和解读他人的意图。

2. 良好的团队合作能力

高素质技术技能人才能够在团队中分享和借鉴他人的知识与经验，与其他人员团结合作，从而共同解决问题和推动项目的发展。例如，在新能源领域，高素质技术技能人才需要与政府、企业和学术机构密切合作，共同推动新能源技术的研发、应用和推广。

只有培养出这样的人才，才能满足社会对科技创新和产业发展的需求，从而推动经济的持续发展。

二、高素质技术技能人才的核心能力要求

高素质技术技能人才需要具备一系列的核心能力，以应对科技创新和产业升级的需求。这些核心能力包括以下几点：

（一）专业知识和技能

1. 扎实的专业知识和技能

高素质技术技能人才不仅具备扎实的专业知识和技能，还要掌握相关领域的前沿知识和技术。同时，他们需要不断地学习与更新自己的知识和技能，以跟上科技的发展步伐。他们需要具备对技术的深入理解和运用能力，能够灵活应用各种工具和技术来解决实际问题。高素质技术技能人才需要具备广泛而深入的专业知识，包括理论知识和实践知识两个方面。一方面，理论知识是指相关领域的基础理论和原理，它们提供了解决问题的思路和方法。例如，在计算机科学领域，高素质技术技能人才需要掌握计算机组成原理、数据结构与算法、操作系统、数据库管理等知识。这些理论知识为高素质技术技能人才在软件开发、系统维护和网络管理等工作中提供了基本框架与指导。另一方面，实践知识是高素质技术技能人才必备的一部分。实践知识是指通过实际操作和实验获得的经验与技巧。在特定

领域中，往往需要掌握这些实践知识才能更好地应对问题和挑战。例如，在汽车工程领域，除了掌握汽车设计和汽车工艺的理论知识外，高素质技术技能人才还需要在实践中了解汽车零部件的特性和使用要求，熟悉汽车测试和调试的实际操作，以及熟练掌握汽车维修和各种故障检修技能。

高素质技术技能人才需要具备扎实的专业知识和技能，这是他们在特定领域或专业中成为行业专家和推动科技创新的关键能力。由于技术领域的广度和深度，高素质技术技能人才的知识和技能也需要涵盖多个方面，并不断地更新和提升。

2. 及时更新和提高知识、技能和实践能力

高素质技术技能人才需要不断地更新与提高自己的知识和技能。随着科技的不断进步，许多领域的知识都在不断地更新和深化。例如，在电子通信领域，高素质技术技能人才需要随时关注通信协议和标准的变化，并学习新的无线通信技术和网络体系结构；还需要了解新的通信设备和技术，如5G通信系统、物联网技术等。这些新知识的掌握可以帮助他们在实践中更好地解决问题和应对挑战。

除了掌握专业知识外，高素质技术技能人才还需要具备技术实践能力，包括实际问题解决能力、技术项目管理能力和创新能力等。首先，高素质技术技能人才需要能够应对复杂的问题和挑战，并提供切实可行的解决方案；需要具备分析问题的能力，能够深入剖析问题的根本原因，并有效地解决问题。例如，一位工程师在新能源领域遇到了电动汽车充电效率低的问题。通过分析电动汽车的充电过程，他发现充电时的电流和电压波动导致充电效率降低。于是他提出了优化充电电路的解决方案，并通过电子元件的选型和改进电路设计，提高了充电效率。其次，高素质技术技能人才需要具备良好的技术项目管理能力。在实际工作中，高素质技术技能人才常常需要参与和领导各种技术项目的实施与推进，需要合理分配资源、控制进度和风险，并管理团队的协作和沟通。例如，在软件开发团队中，高素质技术技能人才需要对项目进行分析和规划，制订详细的开发计划并安排进度；需要与团队成员协调合作，确保项目按时交付，并保质保量地完成任务。

（二）创新思维和解决问题的能力

1. 创新能力

在科技领域，创新是推动行业发展和产业升级的重要驱动力。高素质技术技能人才需要有足够的创新思维和实践能力，能够提出新的观点和解决方案，并将其应用于实践中。例如，在人工智能领域，高素质技术技能人才通过开发新的算法、构建新的模型或利用大数据进行分析，能够实现智能化决策和应用；能够从传统的解决方案中找到突破点，提供新的思路和解决方案，推动技术的发展和应用。高素质技术技能人才需要具备创新思维和解决问题的能力，能够面对复杂问题提出新的想法和解决方案；需要具备开放的思维和创业精神，能够发现问题、分析问题并提出解决方案。例如，面对互联网行业快速变化的市场需求和商业模式，高素质技术技能人才需要具备创新能力和敏锐的洞察力，能够预见和抓住商机，并及时调整企业的战略和业务模式。

2. 创新思维

创新思维和解决问题的能力是高素质技术技能人才必备的核心能力。在追求科技创新和解决实际问题的过程中，高素质技术技能人才需要具备开放、灵活和创造性的思维方式，以及分析问题、识别问题和解决问题的能力。这些能力的发展对于实现科技创新和推动社会发展具有重要意义。

高素质技术技能人才需要具备开放和灵活的思维方式，能从传统的思维模式中解放出来，敢于挑战既有的观念和方法，勇于尝试新的想法和途径。高素质技术技能人才能够超越传统的思维边界，跳出常规思维的束缚，敢于提出与众不同的观点和解决方案。他们具备对现状的批判性思考能力，能够以新的视角看待问题，并提出创新的思路和想法。例如，在环境保护领域，高素质技术技能人才以开放的思维方式，探索与传统环保方式不同的创新解决方案。他们提出了提高再利用和回收利用率的新思路，而不仅仅局限于传统的污染治理方法。

3. 深入分析问题和识别问题的能力

要解决问题就需要准确地识别和理解问题的本质与特点。高素质技术技能人才能够通过深入分析和研究，确定问题的原因和影响，并得出解决方案。他们具备批判性思维和逻辑思考的能力，能够分析问题的关键因素

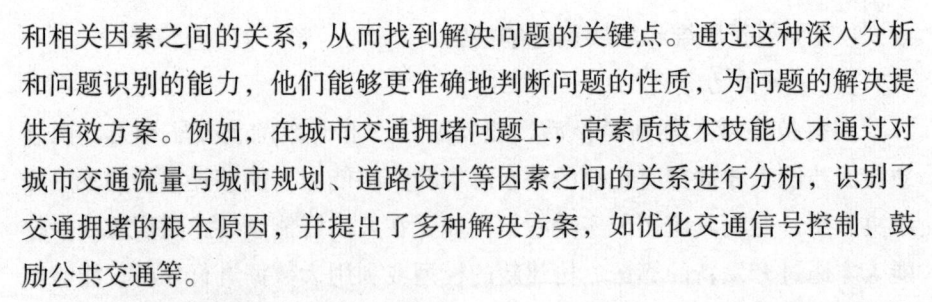

和相关因素之间的关系，从而找到解决问题的关键点。通过这种深入分析和问题识别的能力，他们能够更准确地判断问题的性质，为问题的解决提供有效方案。例如，在城市交通拥堵问题上，高素质技术技能人才通过对城市交通流量与城市规划、道路设计等因素之间的关系进行分析，识别了交通拥堵的根本原因，并提出了多种解决方案，如优化交通信号控制、鼓励公共交通等。

4. 创新方法和工具的应用能力

创新思维需要有相应的方法和工具来支持创新的实施。高素质技术技能人才能够灵活运用创新方法和工具，以促进创新成果的实现。他们具备应用科学方法对问题进行系统性研究的能力，能够通过科学方法分析问题，并找到创新解决方案。此外，高素质技术技能人才还应了解并掌握创新工具和技术，如设计思维、头脑风暴、原型制作等，这些工具和技术能够帮助他们启发创意、培养创新思维与组织创新活动。通过运用这些创新方法和工具，高素质技术技能人才能够提高创新的效率和质量。例如，在产品设计领域，高素质技术技能人才可以通过应用设计思维和用户体验设计等工具，促进创新产品的设计和开发。通过这些创新工具的支持，他们能够从用户需求出发，提出更符合市场和用户期待的创新性产品解决方案。

5. 持续学习和追求卓越的精神

创新是一个不断演化和迭代的过程，需要不断地学习与探索新的知识和技术。高素质技术技能人才具有持续学习的意识和能力，能够主动吸收和追求新的知识与技能。他们具备积极的学习态度和探索精神，了解工作领域的最新动态和前沿趋势。他们通过不断的学习和实践，可以扩展自己的思维和视野，不断改进现有的解决方案。例如，在先进制造领域，高素质技术技能人才通过学习新的制造技术和管理方法，如智能制造、全栈工厂等，不断探索和实践新的制造模式，并将其应用于实际生产中，以提高产品质量和生产效率。

创新思维和解决问题的能力是高素质技术技能人才的核心能力之一。高素质技术技能人才需要具备开放、灵活和富有创造性的思维方式，深入分析和识别问题的能力，并能够灵活运用创新的方法和工具，在跨学科和团队协作中实现创新。持续学习和追求卓越的精神能够帮助高素质技术技能人才保持敏锐的洞察力与创新力，推动科技创新和社会进步。

（三）跨学科合作和团队协作能力

高素质技术技能人才需要具备跨学科的理解和沟通能力，能够与不同领域的专业人才进行合作和协作；需要具备跨学科的思维和创新能力，能够将多个学科领域的知识和技能结合起来，解决复杂问题。跨学科合作和团队协作能力是当代高素质技术技能人才必备的重要能力。在科技领域，复杂的问题和挑战往往需要不同领域的专家共同合作，进行综合性的分析和解决。高素质技术技能人才需要具备跨学科的知识和能力，能够与其他学科的专家进行合作和协作，以集思广益，共同推动科技的进步。

1. 跨学科的综合知识和技能

由于科技的发展和产业的创新，很多技术领域已经不再只有单一的学科，而是需要多个学科的综合应用。因此，高素质技术技能人才需要具备跨学科的知识和技能，能够理解和应用多个学科的概念与理论，以应对复杂的问题和挑战。这意味着他们需要不断扩展自己的知识面，不仅具备各自学科专业的知识和技能，还能够了解其他学科的专业术语、知识和技能。所以，他们能够更全面地看待问题，从不同视角出发，提供更多元化的解决方案。例如，在智能物流领域工作的高素质技术技能人才，既需要掌握物流管理和供应链管理的知识，又需要了解计算机科学和物联网等技术的应用，以实现智能化物流系统的设计和优化。同时，他们还需要与供应链参与者合作，了解他们的需求和问题，以提供整体的解决方案。又如，设计一款新型智能手机时，高素质技术技能人才不仅需要了解电子工程和计算机科学的原理，还需要了解材料科学、人机交互设计等其他学科的知识。掌握跨学科的综合知识和技能，他们能够更好地进行需求分析、概念设计和产品开发。

2. 与其他学科的人员进行有效沟通和协调的能力

不同学科之间的专业术语和方法通常存在差异，所以高素质技术技能人才需要具备良好的沟通和表达能力，能够与其他学科的专家进行有效交流；需要用简洁明了的语言解释复杂的技术问题，帮助其他学科的专家理解自己的需求和要求；还需要具备倾听和接纳他人意见的能力，充分利用各方的专业知识和经验，形成共同的理解和目标。在一个跨学科的研究团

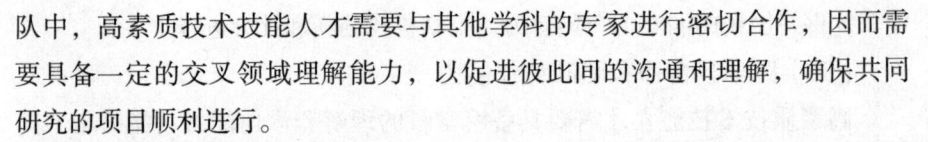

队中，高素质技术技能人才需要与其他学科的专家进行密切合作，因而需要具备一定的交叉领域理解能力，以促进彼此间的沟通和理解，确保共同研究的项目顺利进行。

3. 团队协作的能力

团队协作能力是指团队成员之间相互合作、协调和支持的能力。高素质技术技能人才需要具备良好的人际关系和团队合作精神，能够有效地与团队成员共同工作，实现项目目标。他们需要识别团队成员的专长和优势，充分发挥每个人的潜力，形成有机的合作关系。高素质技术技能人才还需要具备良好的沟通能力和冲突处理能力，能够处理团队内部的分歧和矛盾，促进团队达成共识，并沟通协调团队成员之间的工作。例如，在一个跨学科的研究项目中，高素质技术技能人才需要与其他学科的团队成员展开协作，如工程师、设计师、市场营销专家等。他们需要具备领导力和团队管理能力，组织和推动团队的工作，以实现项目的共同目标。

4. 解决冲突和协调不同观点的能力

不同学科的人员往往具有不同的思维方式和解决问题的方法，在跨学科合作中常常出现意见不一致甚至冲突的情况。高素质技术技能人才需要善于解决冲突和协调不同观点，并找到共同的解决方案；需要具备灵活性和妥协精神，能够倾听其他学科专家的建议和意见，并能够提出可行的整合方案。高素质技术技能人才在解决冲突过程中还需要保持客观、公正与宽容的态度，以确保各方的利益都能得到充分考虑。例如，在一个大型建筑项目中，高素质技术技能人才需要与建筑师、结构工程师、环境工程师等不同学科的专业人员合作。他们需要充分了解各个学科的要求和角色，尊重不同的观点，提出有效的整合方案，以提高项目的效率和质量。

5. 持续学习与适应的能力

在科技领域，新的知识和技术不断出现，高素质技术技能人才需要不断学习，以适应科技进步的需求和挑战。高素质技术技能人才具备自主学习和自我提升的意识与能力，能够积极主动地掌握新的知识和技能。此外，高素质技术技能人才还需要具备国际视野和国际合作能力，能够与来自不同文化背景的专家进行合作。他们需要具备跨文化交流和合作的能力，以促进团队的有效协作和项目的顺利开展。在国际合作项目中，高素质技术技能人才需要与不同国家的专家进行合作，理解并尊重不同文化的差异。

跨学科合作和团队协作能力是高素质技术技能人才的核心能力之一。高素质技术技能人才需要具备跨学科的综合知识和技能，并具备与其他学科的专家进行有效沟通和协作的能力。团队协作能力和解决冲突能力是跨学科合作的关键。高素质技术技能人才还需要具备持续学习和适应的能力，以应对科技领域快速变化的需求和挑战。通过培养和发展这些能力，能够培养出更多具有跨学科合作和团队协作能力的高素质技术技能人才。

（四）领导与创业能力

领导与创业能力是高素质技术技能人才必备的重要能力，能够在科技创新和产业升级中发挥重要作用。高素质技术技能人才需要具备领导能力，能够引领团队实现创新和突破。他们需要具备组织和协调的能力，能够领导团队解决实际问题。同时，他们还需要具备创业精神，能够发现机遇并创造价值，实现个人和团队的成长，推动科技创新和产业发展。

1. 领导能力

领导能力包括领导团队、激励团队成员、制定和实施战略决策、解决问题和处理冲突等方面的能力。高素质技术技能人才具备领导能力，能够在团队中发挥领导作用，并推动团队向着共同的目标努力。他们能够通过设立明确的目标和任务，激励团队成员发挥自己的潜力，推动团队的成长和发展。例如，在一个研究团队中，高素质技术技能人才扮演团队负责人的角色，通过与团队成员沟通和协调，制定明确的研究目标和步骤，激发团队成员的积极性和创造力，使团队高效地完成研究任务。

2. 战略思维和决策能力

在一个竞争激烈和不确定性高的市场环境中，高素质技术技能人才需要制定并实施有效的战略，抓住机遇并应对挑战。他们需要通过分析和评估市场环境、行业趋势与竞争对手的情况，制定明确的战略目标和行动计划。高素质技术技能人才需要运用创新思维和科学方法，寻找并发展独特的竞争优势，为个人和团队的成功提供支持。例如，一个高素质技术技能人才在创业过程中必然会面临市场竞争激烈的情况。他通过分析市场需求和竞争对手的产品特点，发现了一个新的市场空缺，并制定了相应的产品策略和营销计划。在团队的努力下,这个新产品成功得到了市场的认可,并获得了巨大的商业成功。

3. 解决和处理团队问题、人员冲突的能力

在高速发展的科技行业,问题和冲突是无法避免的。高素质技术技能人才需要通过灵活运用问题解决和冲突处理的技巧,有效地解决团队中的问题和冲突,并推动团队的共同进步。他们需要具备客观分析问题的能力,能够找到问题的根源,并制定解决方案。通过与团队成员及相关方的沟通和协商,高素质技术技能人才能够帮助团队成员理解彼此的观点,并达成共识和进行合作。例如,一个高素质技术技能人才担任了一个技术团队的领导者,这个团队在一个重要项目中出现了技术难题,团队成员间出现分歧。通过沟通和团队成员的积极协作,这个高素质技术技能人才能够引导团队共同解决难题,最终取得了卓越的成果。

4. 创业能力

创业能力包括发现机遇、创造价值、风险管理和企业管理等方面的能力。高素质技术技能人才具备创业能力,能够发现和抓住市场机遇,并将其转化为创造价值和商业成功的机会。他们具备市场洞察力和创新思维,能够识别市场需求和新兴趋势,并结合自身的技术知识和技能,创造新的产品和服务。高素质技术技能人才还具备风险管理的能力,能够清晰地评估和管理创业过程中的各种风险,并制定相应的应对策略。在创业过程中,高素质技术技能人才还需要具备良好的企业管理能力,包括财务管理、人力资源管理、市场营销和战略规划等方面的技能。例如,一个高素质技术技能人才具备创业能力,发现了一个市场需求不足的领域,并创办了一家公司,致力于开发和销售相关产品。他在创业过程中充分发挥自身的技术优势,通过对市场需求的深入了解,不断优化和创新产品,最终获得了客户的认可和市场开发的成功。

5. 学习能力

高素质技术技能人才需要通过不断学习和自我提升来提高领导能力与创业能力。在快速发展的科技领域,新的知识、技术和商业模式不断涌现,需要高素质技术技能人才具备持续学习和适应变化的能力。高素质技术技能人才通过参加培训课程、读书学习、参与行业会议等方式,不断积累新的知

识和技能，并拓宽视野。同时，他们还通过与领域专家、企业家及创业家的交流和学习，了解市场和行业动态，并从他们的经验与教训中获得启示和感悟。通过持续学习和自我提升，高素质技术技能人才能够不断地提高自己的领导与创业能力，更好地适应和应对科技行业的挑战与机遇。

领导与创业能力是高素质技术技能人才的重要能力之一。高素质技术技能人才需要具备领导团队和制定战略的能力，同时也需要具备解决问题和处理冲突的能力。创业能力能够使他们发现机遇，创造价值，并将其转化为商业成功。通过持续学习和自我提升，高素质技术技能人才能不断地提升自己的领导能力与创业能力，成为引领科技进步和推动社会发展的关键力量。

（五）风险意识与管理能力

风险意识与管理能力是高素质技术技能人才必备的能力。在当今快速发展和竞争激烈的科技领域中，高素质技术技能人才需要具备敏锐的风险意识和有效的风险管理能力，以应对各种不确定因素和挑战。只有具备这种能力，他们才能更好地应对各种风险，以确保项目和组织的成功。

1. 敏锐的风险意识

风险是指不确定的因素或事件，这些因素事件有可能对组织的目标达成产生负面影响。在实践中存在着多种类型的风险，如技术风险、市场风险、法律风险、人员风险等。高素质技术技能人才需要对这些风险进行识别、评估和监控，及时发现、预测和分析潜在风险的出现与可能带来的影响；需要从多个角度去审视项目或决策中的潜在风险，并充分意识到其可能的后果和影响。只有通过对风险的全面认知和深入了解，他们才能有效地制定相应的风险管理策略和措施，从而减少风险对组织的不利影响。

2. 风险评估和分析的能力

风险评估是指对风险进行全面的定量或定性的分析和评估，以确定其潜在影响和优先级。高素质技术技能人才需要具备使用科学方法与工具从多个维度和角度对风险进行评估及分析的能力；需要利用前期数据和信息，通过使用概率统计、风险模型和模拟仿真等方法，对各种风险进行量化和分析。通过对风险的系统性评估和分析，他们能够更好地预测风险事件发生的可能性和潜在影响，并相应地制定风险应对措施。例如，一个高素质技术技能人才在管理一款新产品的研发项目时，通过系统地评估技术风险、市场风险和竞争风险等，能够更准确地得出产品的成功概率，并针对不同风险采取相应的应对策略。

3. 有效的风险管理能力

风险管理是指通过采取适当的风险应对措施和管理方法，减少或控制风险对组织及其目标的负面影响。高素质技术技能人才需要在风险管理中发挥领导和决策作用，能够制定并执行科学合理的风险管理策略和计划。他们需要对不同类型的风险制定相应的风险管理策略，包括风险避免、风险转移、风险减轻和风险承受等。他们还需要制定相应的风险管理流程和指南，以确保风险管理工作的有效进行。例如，一个高素质技术技能人才负责一个复杂的软件项目，在项目计划中需要考虑到可能的技术风险和进度风险，并制定相应的风险管理策略和措施。通过灵活的项目管理和风险管理，他能在保证项目成功的同时，最大限度地减少风险对项目进展和管理的干扰。

4. 灵活应对突发风险的能力

风险是不可预见和不确定的，新的技术、市场变化和政策法规的变化等都可能引发新的风险。高素质技术技能人才应具备积极应对和处理突发风险的能力，能够迅速响应和调整计划。他们需要具备灵活的思维和处理问题的能力，能够迅速调整风险管理策略和措施以适应新的风险环境。例如，在一个研发项目中，高素质技术技能人才发现一个新的竞争对手即将推出一款与自己公司产品类似的产品。为了应对这一突发风险，他们需要迅速调整产品定位和市场策略，并在产品性能和用户体验方面进行改进，以保持自己产品的市场竞争力。

5. 风险沟通能力和协调能力

风险管理不仅涉及技术和操作层面，整个组织内部以及与外部合作伙伴及利益相关者之间的沟通和协调也至关重要。高素质技术技能人才应具备良好的沟通能力和表达能力，能够向团队成员、领导者和决策者有效传递风险信息与建议。同时，他们还应具备协调和整合团队成员的能力，促进团队的合作。例如，在一个跨部门的研发项目中，高素质技术技能人才需要与技术团队、市场团队及管理团队沟通和协调，以确保他们了解项目中的风险，并共同制定相应的风险管理策略和措施。

风险意识与管理能力是高素质技术技能人才必备的能力。高素质技术技能人才需要具备敏锐的风险意识，能够对潜在风险进行有效的识别和评估；需要具备风险评估和分析的能力，能够通过科学方法和工具对风险进行量化与分析，从而有效减少和控制风险对组织的负面影响；需要具备灵活应对突发风险的能力，能够迅速调整风险管理策略和措施以应对新的风险。此外，风险沟通和协调能力能够使他们向各方传达风险信息并促进团队协作。

三、高素质技术技能人才的培养应当遵循的原则

为了培养出具备领导与创业能力、风险意识与管理能力的高素质技术技能人才，需要制定有效的培养策略。这些策略包括提供全面的教育培训、创建良好的创新环境、促进跨学科合作、引进外部资源及提供实践机会等。

（一）教育培训的全面性

在一个快速变化的技术领域，高素质技术技能人才需要具备广泛的学科知识和技能。因此，提供全面的教育培训是培养高素质技术技能人才的基础。这包括为他们提供丰富的学科课程、实践机会和传达持续学习的理念。高素质技术技能人才需要扎实的专业知识和技能，教育培训应注重为他们提供全面的学科知识。例如，在工程领域，教育培训应当包括基础科学、工程技术和管理等方面的内容。只有深入地学习这些知识和技能，他们才能应对复杂的技术和管理挑战。与此同时，实践机会也是至关重要的。学生应该有机会通过实验室项目、实习和实际工作等方式，将学到的理论知识应用到实际中。这种实践经验能够帮助他们更好地理解和应用所学知识，并为未来的职业发展做好准备。此外，培养人才具备持续学习意识是非常关键的。科技不断发展，知识也在不断更新，因此，高素质技术技能人才需要具备终身学习的能力，不断跟进新的知识和技术进展。高等教育机构和企业组织应该持续推动人才的学习与发展，提供丰富的继续教育课程、培训计划和创新实践机会，鼓励高素质技术技能人才在学术和技

术领域保持领先地位。

（二）创建良好的创新环境

创新环境需要为高素质技术技能人才提供灵活的学习和工作空间，促进其自由讨论和合作研究。高素质技术技能人才需要发挥他们的创造力和创新能力，因此，创新环境应该为他们提供充足的机会和资源。为了培养技术技能人才的创新能力，高等教育机构应该积极改变传统的教学模式，鼓励学生主动参与创新实践。例如，可以设立创新实验室和创客空间，为学生提供创新的平台，帮助他们将想法转化为实际的项目和产品。此外，鼓励学生参与各类科技竞赛和创新大赛，可以培养他们的团队合作能力和解决问题能力。为了实现这个目标，学校可以建立创新创业中心和技术孵化器，为学生提供必要的培训、资金和资源支持，帮助学生将想法转化为商业实践和创新成果。

（三）促进跨学科合作

在实践中经常面对不确定性难题，其问题往往涉及多个学科和领域，需要多学科的专业知识和技能共同解决。因此，促进跨学科合作可以帮助高素质技术技能人才构建系统性思维和培养解决复杂问题的能力。为了促进跨学科合作，学校可以设立跨学科的教育和研究项目，引导学生了解和应用多个学科的知识与方法。例如，可以设置跨学科的课程或项目，邀请不同学科的教师合作教学，使学生可以从不同专业的视角探索问题。同时，可以组织跨学科的研讨会和研究团队，让学生与不同学科的研究人员共同合作解决问题。这样的跨学科合作不仅可以帮助学生了解其他学科的知识和方法，还可以培养他们的团队合作精神和沟通能力，提高他们解决问题的综合能力。

（四）引进外部资源

外部资源包括行业专家、企业家和创业家等具有丰富实践经验的人员。高校和研究机构应该积极与企业、创业孵化器及科技园区等合作，邀请行业专家和成功的企业家举办讲座与指导学生。这不仅可以帮助学生了解行业最新动态和前沿技术，还可以为他们提供实践经验和创业机会。例如，可以组织行业研讨会和创业讲座，邀请成功企业家和行业专家来分享他们的经验与见解。同时，高校和研究机构也可以与企业及创业孵化器合作，让学生参与实际的科技项目和创业活动。这样的实践机会不仅可以让学生了解科技行业的实际运作和商业环境，还可以培养他们的创业能力和领导能力。

四、高素质技术技能人才具体培养措施

为了培养高素质技术技能人才，需要采取一系列的培养策略。具体措施如下：

（一）教育体系的改革

教育体系的改革是培养高素质技术技能人才的基础。学校需要调整教育的理念和模式，注重培养学生的综合能力和创新意识。教育机构应该开设相关的课程和实践项目，加强对学生专业实践能力的培养。教育体系的改革是培养高素质技术技能人才的关键。随着科技的快速发展和社会的不断变革，传统的教育模式面临着许多挑战。为了培养适应科技发展需求的高素质技术技能人才，学校需要对教育体系进行改革，包括教学内容的优化、教学方法的创新以及教育机构与行业的合作等方面。

1. 改革教育体系需要优化教学内容

传统的教育模式往往注重传授学生基础理论知识，而忽视了对学生进行实践应用和创新能力的培养。为了培养高素质技术技能人才，教学内容应该更加注重实践能力和创新思维的培养。例如，在计算机科学领域，学生除了要学习编程语言和算法等基础知识外，还应该接触实际的项目和应用场景。学校可以设置实践项目和实验课程，让学生亲身参与到软件开发、系统设计和数据分析等实践中，以锻炼他们解决问题和团队协作的能力。此外，学校还可以引入创新课程，如创新设计和创业实践等，鼓励学生从创新和创业角度思考问题，从而培养他们的创造力和创新能力。

2. 教育体系的改革需要创新教学方法

传统的教学方法主要以讲授为中心，忽视了学生的主动性和实践能力的培养。为了培养高素质技术技能人才，学校需要采用多元化的教学方法，激发学生的学习兴趣和主动性。一种创新的教学方法是项目驱动学习。这种方法通过让学生参与实际的项目，解决实际的问题，培养他们

的实践能力和问题解决能力。例如，在一个工程项目中，学生可以根据项目需求和限制组成小组进行项目开发与实施，通过实际操作锻炼他们的团队协作和项目管理能力。此外，学校还可以结合在线教育和远程教育的优势，采用在线课程和虚拟实验室等教学资源，为学生提供丰富的学习体验和实践机会。

3. 改革教育体系需要加强教育机构与企业的合作

传统的教育模式往往与实际应用脱节，学生毕业后很难适应实际工作。为了解决这个问题，教育机构应该与企业建立紧密的合作关系，加强校企合作和产学研结合。例如，可以与企业共同开展实验室项目和建立专业实践基地，将学生的学习与实际应用相结合。这样的合作可以帮助学生更好地了解行业需求和实际操作，并积累实践经验。此外，教育机构还可以邀请行业专家和企业家举办讲座与指导，帮助学生了解行业最新动态和发展趋势。同时，教育机构还应该定期与行业合作，进行课程和教学方法的更新，确保教学内容与行业需求保持同步。

4. 改革教育体系需要建立多层次的评估和认证体系

传统的教育评估主要以考试成绩为依据，忽视了学生综合素质的评价。为了培养高素质技术技能人才，教育机构应该建立全面的评估体系，包括课堂表现、实践项目、团队合作和创新设计等方面的评估。例如，教育机构可以通过课堂表现、小组讨论和实践项目的成果进行评估，评估学生的学习效果和实践能力。此外，教育机构还可以引入学分制度和终身学习机制，将学生的学习成果和实践经验转化为学分与证书，并对其进行认可和鼓励。

在教育体系改革中，政府和教育机构起着重要的作用。政府应该制定相关政策和措施，鼓励教育机构进行教育体系改革，并为其提供必要的支持。同时，教育机构应该积极响应政府政策，开展教育体系改革的实践探索。例如，教育机构可以成立专门的改革小组，负责教育体系改革的规划和实施；教育机构可以加强与企业的沟通和合作，了解行业的需求和变化，及时调整教学内容和方法；教育机构还可以加强师资队伍建设，培养具有实践经验和专业知识的教师，提高教学水平和教育质量。

改革教育体系是培养高素质技术技能人才的关键。通过优化教学内容、创新教学方法、加强教育机构与行业的合作，以及建立多层次的评估和认证体系等手段，可以更好地培养适应科技发展需求的高素质技术技能人才。只有通过不断地改革和创新，教育体系才能适应科技领域的变革，并为高素质技术技能人才的培养创造更加有利的环境和条件。

（二）跨学科教育与合作

为了培养适应科技发展需求的高素质技术技能人才，跨学科教育与合作被认为是教育体系改革中的关键因素。在传统的教育模式中，不同学科往往被孤立教授，学生只专注于自己所学的学科，导致出现知识碎片化和学科隔阂。然而，在现实生活和职业领域中，遇到的实际问题往往涉及多个学科和领域，需要学生具备跨学科的综合知识和技能。

1. 跨学科教育与合作是培养高素质技术技能人才的重要手段

（1）跨学科教育的核心在于打破学科壁垒，促进学生跨学科学习和思考

在传统的教育模式中，学科的划分限制了学生的视野和知识的广度。但事实上，许多实际问题往往需要不同学科的知识和方法结合起来解决。例如，面对环境污染问题，需要考虑到地理、生态学、化学等多个学科的知识。因此，跨学科教育要求学生从不同学科的角度出发，探索和理解问题的不同方面。通过跨学科教育，学生能够更全面地理解问题，更灵活地应用不同学科的知识解决问题。

为了促进跨学科教育，学校可以设计跨学科的课程和项目，邀请跨学科的教师合作教学。例如，在一个可持续发展的课程中，可以由生态学教师和经济学教师共同讲授，让学生从不同学科的视角研究可持续发展的问题。通过这样的跨学科课程，学生可以接触到多个学科的知识和方法，以培养他们综合分析问题和解决问题的能力。此外，学校还可以组织跨学科的研讨会和研究团队，让学生与不同学科的研究人员共同合作解决问题。这样的跨学科合作不仅可以帮助学生了解其他学科的知识和方法，还可以培养他们的团队合作能力和沟通能力，提高他们的综合能力。

（2）跨学科合作是跨学科教育的延伸和应用

当学生从不同学科获取到综合的知识和技能后，他们需要在实际问题中将这些学科知识和技能进行整合与应用。因此，跨学科合作成为培养高素质技术技能人才必不可少的一环。跨学科合作可以为学生提供更贴近实

际问题的学习和实践机会。在跨学科合作中，学生可以与来自不同学科的同学和教师一起工作，共同解决实际问题。通过与其他学科的师生合作，学生们可以共同思考和相互交流，并结合不同学科的知识和技能，提出创造性的解决方案。

在跨学科合作中，学生可以共同参与项目实践，将不同学科的知识融入实际项目中。例如，在一个科技创新项目中，学生可以与工程师、设计师和市场专家等跨学科团队合作，将技术、设计和市场需求相结合，研发出具有竞争力的产品。通过这样的合作，学生可以学习到其他学科的知识，了解其他领域的需求和要求，并与其他学科的人员一起实现项目目标。这样的跨学科合作可以培养学生的团队合作能力、沟通能力和解决问题的能力。

除了与同校师生的合作外，学校还可以组织外部机构、企业和其他机构进行跨学科合作，帮助学生将学科知识和实际应用结合起来。学生可以参与企业的项目中，与企业人员共同合作解决问题。例如，学生可以与医院合作进行生物医学研究，与企业合作进行新产品研发。通过与企业合作，学生可以有机会了解行业的需求和发展动态，提前接触到实际工作环境，并将所学的学科知识与实践经验结合起来，更好地适应未来的职业发展。

（3）跨学科教育与合作能够为学生提供更广阔的发展机会

随着科技的发展和社会的变革，求职市场对综合素质和跨学科能力的要求越来越高。通过跨学科教育与合作，学生可以获得更广阔的知识和技能，在职业生涯中有更多的选择和机会。例如，计算机专业的学生通过学习设计学、心理学和市场营销学等学科，可以成为一位了解和具备用户体验与产品设计能力的综合型人才，在科技创新领域中具备更大的竞争力。此外，跨学科教育和合作还可以培养学生的创新能力与创业精神。当学生通过跨学科的学习和合作，掌握了综合的知识和技能后，他们就有更多机会将创新的想法转化为具体的项目和产品，并创办自己的企业。例如，一位同时具备工程学和商务管理知识的学生可以将技术创新与商业模式相结合，开发出有市场竞争力的新产品，并创办自己的科技企业。

2. 学校和教育机构需要采取的一系列措施

为了实现跨学科教育与合作的目标，教育机构需要采取一系列的措施。首先，需要建立跨学科的教学团队和项目，引入多学科的教师资源。

跨学科教学团队可以由不同学科的教师组成，共同授课，给学生提供多元视角的教学。其次，需要制定鼓励学生参与跨学科学习和合作的政策与奖励机制。例如，可以设置学生的跨学科专业或项目，鼓励学生参与跨学科的学习和合作；还可以在评价制度中加入对跨学科学习和合作的考核，在学位评定中给予相应的认可和奖励。再次，需要提供跨学科的学习资源和设施，如跨学科的图书馆、实验室和研究中心等。这些设施可以提供给学生从不同学科获取知识和技能的机会，并为跨学科合作提供必要的支持和条件。最后，学校可以与行业和企业合作，开设跨学科的课程和实习项目，以培养学生的综合素质和创新精神。此外，学校还需要加强跨学科交叉的研究，培养学生的跨领域合作能力和创新意识。

跨学科教育与合作是培养高素质技术技能人才的重要手段。通过打破学科的壁垒，促进学生跨学科的学习和思考，推动学科之间的合作和整合，可以培养出具备综合知识和技能的高素质技术技能人才。只有通过跨学科教育与合作，学生才能真正理解和应用学科知识，并在实践中解决问题和创新。因此，学校和教育机构应该重视跨学科教育与合作，并提供相关的教育资源和支持，以促进高素质技术技能人才的培养和发展。

（三）科技创新和实践学习

1. 科技创新和实践学习是教育体系改革中的重要组成部分

随着科技的迅猛发展和社会的不断进步，传统教育模式已经难以满足培养高素质技术技能人才的需求。为了培养适应科技发展的人才，需要加强科技创新和实践性学习，鼓励学生主动探索和应用知识，培养他们的创新思维和实践能力。

在传统的教育模式中，学生往往只注重理论知识的学习，缺乏实践应用的机会。然而，在实际工作和生活中，理论知识的应用和实践技能的掌握同样重要。为了培养高素质技术技能人才，教育体系需要提供更多实践性学习的机会。实践性学习可以通过实验课程、实习项目、实践研究等形式实现。例如，在计算机科学领域，学生可以参与编程竞赛、软件开发项目等实践性学习活动，锻炼他们的编程能力和解决问题能力。此外，实践性学习还可以开设实验课程，让学生亲身参与实验项目中，感受科学研究的过程，培养他们的观察能力和实验设计能力。

（1）科技创新是培养高素质技术技能人才的重要手段

传统的教育模式往往偏重理论教学，忽视学生的创新意识和实践能力的培养。因此，教育体系应该加强科技创新的教育。科技创新教育可以通过课程设置、竞赛活动、创新项目等方式实现。例如，学校可以开设创新课程，教授科技创新的理论知识和方法，培养学生的创新思维和创新意识。同时，学校可以组织科技创新竞赛，鼓励学生积极参与创新项目的设计和开发，培养他们的创新能力和团队协作精神。此外，学校还可以与科研机构和企业合作，开展科技创新项目和实践研究，让学生亲身参与科研工作，锻炼他们的科学研究能力和创新思维。

（2）科技创新和实践性学习相互促进，实现良性循环

通过实践性学习，学生可以运用所学的知识和技能解决实际问题，培养他们的创新思维和实践能力。科技创新为学生提供了实践性学习的场所和机会。例如，学生可以以科技创新项目为载体，进行实践性学习活动。在这样的项目中，学生需要运用多学科的知识和技能，与团队成员合作，分析和解决实际问题。通过这样的实践性学习，学生可以提高自己的实践能力和创新能力，同时也为科技创新提供了新的想法和方法。

（3）科技创新和实践性学习培养学生的问题解决能力与团队协作精神

在科技创新和实践性学习中，学生经常面对各种各样的挑战和困难，需要通过合作和创新来解决。例如，在一个科技创新项目中，学生们可能需要分工合作，充分发挥团队的智慧和能力，解决项目中的技术问题。通过这样的实践，学生可以锻炼自己的团队协作能力和沟通能力，学会与他人合作。同时，科技创新和实践性学习也需要学生具备问题解决的能力。学生需要分析和归纳问题，并运用所学的知识和方法，提出创新的解决方案。通过这样的实践，学生可以提高自己的问题解决能力。

2. 教育体系需要采取一系列的措施

首先，需要加强教师队伍建设，培养具有科技创新意识和实践经验的教师。这些教师能够为学生提供指导和支持，并带领学生开展科技创新课程和实践性学习活动。其次，需要提供科技创新和实践性学习的资源与设施。例如，学校可以建立科技创新实验室、创客空间等实践平台，为学生提供实践性学习的场所和设备。再次，需要加强与科研机构和企业的合

作，为学生提供实践项目和实习机会，让他们接触和参与真实的科研与创新活动。最后，需要建立科技创新和实践性学习的评估体系。通过评估和认证，可以激励学生积极参与实践性学习和科技创新，提高其质量。

值得注意的是，科技创新和实践性学习并不仅仅是为了培养科研人员与创业者，它们的意义非常广泛和深远。科技创新和实践性学习可以培养学生的创新思维与解决问题的能力，提高他们的综合素质和竞争力。不论学生将来从事何种职业，这些能力都对他们的发展有着重要推动作用。因此，科技创新和实践性学习应该贯穿教育体系的全过程，成为学生终身学习和发展的重要支撑。

综上所述，科技创新和实践性学习是教育体系改革中的重要组成部分。通过加强实践性学习，可以为学生提供更多实践应用的机会，培养学生的实践能力和创新思维；同时，通过科技创新教育，可以激发学生的创新意识和潜力。科技创新和实践性学习相互促进，可以培养学生的问题解决能力和团队协作精神，提高他们的综合素质和竞争力。为了推动科技创新和实践性学习的发展，学校等教育机构需要加强教师队伍建设、提供资源和设施，加强与科研机构和企业的合作，建立科技创新和实践性学习的评估体系。只有通过不断地推进科技创新和实践性学习，教育机构才能更好地适应科技发展的需求，从而培养高素质技术技能人才。

（四）国际交流与合作

培养高素质技术技能人才需要加强国际交流与合作。随着全球化的发展，科技创新和产业升级已经不再局限于本国的范围，而是需要与国际进行合作和交流。高素质技术技能人才需要具备国际化思维和跨文化交流的能力，以推动科技创新和产业发展的跨国合作。

国际交流与合作在培养适应科技发展需求的高素质技术技能人才中发挥着重要作用。随着全球化的不断推进，各国之间的交流与合作不仅仅局限于经济、文化领域，还涉及教育和科技创新等多个领域。国际交流与合作不仅可以拓宽学生的视野，还可以让他们更好地了解全球科技的最新动态，培养他们跨文化沟通与合作的能力。

1. 国际交流与合作的方式

国际交流与合作可以通过多种方式进行。

（1）学生的交流项目

学生可以利用暑期或寒假的时间，参加国际交流项目，与来自其他国家的学生一起学习和生活。通过与来自不同文化背景的学生交流，学生可以互相了解彼此的文化差异，并增进友谊和加强合作。例如，学生可以参加国际交流营，与来自不同国家的学生一起分享各自的专业知识和技能。这样的交流活动可以拓宽学生的视野，培养他们的全球意识和跨文化意识。

（2）学校之间的合作项目

学校可以与国外的教育机构建立合作关系，开展联合办学项目、交流访问等活动。通过与国外教育机构的合作，学校可以引进更先进的教育理念和教学资源，提升教育质量。例如，学校可以与海外的科研机构合作，共同开展科研项目，推动科技创新。合作项目可以是科研合作，也可以是教育资源共享或学生交流项目。通过与国外教育机构的合作，学生可以接触到国际先进的科学知识和技术，提升自己的学习能力和竞争力。

（3）科研合作

在国际交流与合作中，科研合作尤为重要。科研合作可以促进学术界和产业界的合作，共同解决重大科学问题。例如，在生物医药领域，各国科研机构可以共同开展新药研发项目，共享研究成果和资源，提升研发效率。此外，国际科研合作还可以促进学界和产业界的技术转化与应用。学术界的研究成果转化为实际的产品和技术，能为产业创新带来新动力。通过科研合作，科学家可以共同攻克一些重大难题，推动科技创新和发展。

（4）国际合作项目

国际合作项目的开展可以借助国际组织和联盟的平台，如联合国教科文组织等。这些国际组织与各国政府、科研机构合作，可以推动科技创新和发展，解决全球性的科学问题，促进各国之间的和平与发展。

国际交流与合作不仅有利于学生的个人发展，也对整个社会和国家的科技创新产生积极影响。通过国际交流与合作，学生可以了解其他国家的科技发展现状和经验，并从中汲取养分，提升自己的学术素养和科技创新能力。同时，科研合作和国际合作项目的开展可以促进全球科技创新与经济发展。例如，各国合作研发的新技术与新产品可以促进知识和技术的传播，推动技术进步和经济增长。

2. 各国政府和教育机构可以采取一系列的措施。

首先，可以加强对高水平学术交流和合作项目的资助与支持。例如，各国政府可以设立专门的国际交流奖励计划，资助学生和科研机构参与国际交流与合作项目。其次，可以加强国际交流机构的建设，提供更多国际交流和合作的机会与平台。例如，学校可以建立国际交流中心，为学生和教职工提供国际交流的指导与支持。最后，可以加强国际合作的协调和管理。例如，各国政府和国际组织可以加强沟通与合作，促进国际交流与合作项目的开展，共同推动全球科技创新和发展。

3. 国际交流与合作需要应对一些挑战和难题

一个挑战是语言和文化的差异。在国际交流与合作中，语言障碍往往会成为沟通和合作的难题。为了解决这个问题，可以加强语言教育，提供外语教育资源。此外，还可以设立互助学习项目，让学生互相学习、互相交流和互相帮助。

另一个挑战是知识产权和利益分配的问题。在国际交流与合作中，如何保护和分享研究成果是一个关键问题。要解决这个问题就需要颁布相应的法律和建立有关制度，形成公平和可持续的合作模式；同时，还需要加强科研伦理和学术规范的教育，倡导诚信和公正的科研行为。

总之，国际交流与合作是培养高素质技术技能人才的重要手段。通过国际交流与合作，学生可以拓宽视野，了解全球科技的最新动态，培养跨文化沟通与合作的能力。科研合作与国际合作项目的开展可以促进学术界和产业界的合作，解决重大科学问题，推动科技创新和发展。为了促进国际交流与合作，各国政府与教育机构应加强资助和支持，建立国际交流机构，加强协调和管理。只有通过国际交流与合作，才能实现全球科技的发展与繁荣。

五、结语

高素质技术技能人才的内涵界定对科技创新和产业升级具有重要意义。界定高素质技术技能人才的内涵不仅能够指导人才培养的实践，还有助于提高人才的素质和竞争力。同时，针对高素质技术技能人才的培养策略也需要不断调整和完善，以适应科技创新和产业升级的需求。只有不断改进培养策略，提高高素质技术技能人才的培养质量和能力水平，才能更好地满足科技创新和产业升级的需求，推动社会的可持续发展。

第二节 高素质技术技能人才培育范式的内涵界定

本节将探讨高素质技术技能人才培育范式的内涵界定，旨在对如何培养适应科技发展需求的高素质技术技能人才进行深入研究和思考。

一、高素质技术技能人才的内涵界定

高素质技术技能人才是指具备深厚专业知识和技能，能够熟练运用科学和技术知识解决实际问题的人才。他们具备良好的科学素养、工作素养，能够适应科技发展的需要，以创新的思维和方法推动科技进步与社会发展。高素质技术技能人才不仅要具备学科知识和专业技能，还要具备较高的综合素质，包括创新能力、沟通合作能力、问题解决能力、文化素养等。此外，高素质技术技能人才也要具备持续学习和自我发展的能力，以适应科技发展的快速变化和不断更新知识的需求。

高素质技术技能人才是一个多维度的概念，包括知识、技能、素质和贡献等多个方面。对于高素质技术技能人才的定义，需要考虑到他们的专业知识和技能水平、自主学习和持续发展能力、创新能力和问题解决能力、团队合作和沟通能力，以及文化素养和社会责任感等方面。（1）扎实的专业知识和技能。高素质技术技能人才应该在自己选择的领域中具备广泛而深入的学科知识，还应该具备掌握相关技术工具和设备的能力，以便在实际工作中进行操作和应用。（2）自主学习和持续发展的能力。高素质技术技能人才能够不断跟进新的科技发展动态，并及时更新自己的知识和技能。他们还能够利用各种学习资源和工具，如网络学习平台、在线课程、学术会议等，不断提升自己的学术水平和专业技能。（3）创新能力和问题解决能力。高素质技术技能人才应该对现有问题进行深入调研和分

析，并能够提出新的设计方案，以解决实际存在的问题。他们还应该具备敏锐的观察力和技术洞察力，能够准确识别问题的本质，从而找到最佳解决方案。（4）团队合作和沟通能力。高素质技术技能人才具备良好的人际交往能力和团队协作能力，能够领导和团结团队成员，与不同背景和专业的人员进行有效的沟通、协调、合作，达到预期目标，共同完成任务。（5）文化素养和社会责任感。高素质技术技能人才了解不同文化之间的差异和共通之处，还应该具备良好的道德和伦理意识，能够在工作中遵守职业道德和社会规范，承担起对社会和环境的责任。

总之，高素质技术技能人才是指具备扎实的专业知识和技能、自主学习和持续发展能力、创新能力和问题解决能力、团队合作和沟通能力，以及文化素养和社会责任感的人才。他们能够成为社会发展的引领者和创新者，为科技进步和社会进步做出积极的贡献。通过不断地培养高素质技术技能人才，可以提高整个社会的创新能力和竞争力，推动科技发展和社会进步。

二、技术技能的内涵界定

（一）技术技能的内涵

技术技能是指具备运用科学和技术知识从事实际工作的能力与技巧。技术技能可以分为专业技能和通用技能两个层面。专业技能是指在特定领域内所需的专业知识和技能，如数据分析、程序编程等。通用技能是指能够在不同领域中通用的技能，如沟通能力、团队协作能力等。技术技能还包括实践能力，即能够在实际工作中熟练运用所学知识和技能解决问题的能力。

（二）专业技能的能力

专业技能是指在特定领域内所需的专业知识和技能。不同领域的专业技能要求各不相同，可以包括但不限于以下几个方面：

1. 数据分析能力

随着大数据时代的到来，数据分析能力成为许多领域所需的重要技能。数据分析能力包括数据收集、整理、清洗、分析和解释等方面的技能。例如，在营销领域，数据分析师需要利用自己的专业知识和技能对市场数据进行分析，帮助企业制定更有针对性的市场策略。

2. 程序编程能力

在信息技术领域，程序编程能力是必不可少的技能之一。程序编程能力包括掌握编程语言、了解算法和数据结构、具备程序设计和开发等。例如，在软件开发领域，一个优秀的程序员需要具备扎实的编程知识，能够通过编写高效、可靠的代码来实现特定功能。

3. 工程设计能力

工程设计能力是工程领域所需的核心技能之一。它包括对设计产品的整体构思和结构设计、工艺流程的设计和优化等方面的技能。例如，在机械工程领域，工程师需要将理论知识转化为实际的产品设计，考虑到产品的功能需求、安全性、可靠性等因素，最终设计出满足用户需求的产品。

（三）通用技能

通用技能是指能够在不同领域中通用的技能。通用技能的核心是具备解决问题和适应变化的能力。以下是几种常见的通用技能：

1. 沟通能力

沟通能力是每个人在工作和生活中都需要具备的基本技能。它包括与他人有效地交流、听取并理解他人观点、清晰表达自己的想法等方面的能力。无论在哪个领域，良好的沟通能力都是解决问题和推动工作进度的关键。

2. 团队协作能力

团队协作能力是指与他人合作并共同完成工作的能力。它包括领导能力、合作能力、合理分配任务和解决冲突等方面的能力。无论是在企业、学术界还是在社会组织中，团队协作能力对于实现共同目标和取得成功至关重要。

3. 解决问题的能力

解决问题的能力是指能够对面临的问题进行分析、找出解决方案并采取行动的能力。它包括问题识别、信息收集和分析、评估和选择解决方案等方面的技能。

4. 创新能力

创新能力是指能够提出新的理念、方法或解决方案的能力。它包括思维的灵活性、创造力和对新事物的敏感度等方面的能力。在科技发展迅速的时代，创新能力是高素质技术技能人才的重要特征。

总而言之，技术技能虽然因专业领域差异而存在一定的差别，但也有共同的地方。以人工智能为例，技术技能人才需要具备专业技能和通用技能。其中，专业技能包括掌握机器学习算法、深度学习框架等，可以通过分析大数据优化模型。同时，他们还需要具备通用技能，如沟通能力，在项目团队中与其他成员进行有效的交流和合作，确保项目的顺利进行。

三、人才培育的内涵界定

从狭义的方面讲，人才培育是指通过教育和培训等方式，培养和发展具备一定技术技能与综合素质的人才。人才培育是一个系统工程，涉及教育机构、教师、学生、企业等多个参与者和多个环节。人才培育既要注重学生的专业知识和技能，也要培养他们的思维能力、创新能力和实践能力。人才培育应该注重学生实践性学习的体验和机会，让学生在实际工作中灵活应用所学知识和技能，培养他们的综合素质和实际工作能力。

从广义的方面讲，人才培育是指通过系统的教育和培训，培养和发展适应社会发展需求的人才。人才培育是推动社会进步和经济发展的重要基础，是提高国家综合竞争力的战略任务。

在界定人才培育的内容时，需要考虑到知识、能力、素质和价值观等多个方面。

第一，人才培育需要注重知识的传授和掌握。知识是人才培育的基础。在现代社会，知识将成为人才判断的重要依据。在教育和培训中，应该注重传授学生学科知识和专业知识，使学生获得广博的学科知识和深入的专业知识。例如，在科学领域的人才培育中，需要注重学生对科学基础知识的掌握，如数学、物理、化学等，同时还需要培养学生的科学思维方法和实践技能。

第二，人才培育需要注重能力的培养和发展。能力是指人才在实践中运用知识解决问题的能力。在教育和培训中，应该注重培养学生的实践能力、创新能力和解决问题的能力。例如，在创业者的培育中，应该注重培养学生的市场分析能力、商业策划能力和创新能力，使学生具备创新创业的能力和胆识。

第三，人才培育需要注重素质的培养。素质是指人才的整体素养和道德品质。在人才培育中，应该注重培养学生的综合素质，如领导能力、团队合作能力、沟通能力和自我管理能力等。例如，在管理者的培养中，应该注重培养学生的领导能力和团队合作能力，使他们在工作中能够有效地领导团队，实现团队的目标。

第四，人才培育需要注重价值观的培养。价值观是人才的核心价值观念、职业道德和社会责任感。在教育和培养中，应该注重培养学生正确的价值观和职业道德观，使他们具有积极向上的人生态度和正确的价值判断能力。例如，在医学领域的人才培育中，应该注重培养学生的医德和医风，使他们始终坚持以人为本，坚持正确的医疗伦理观念，为患者提供高质量的医疗服务。

第五，人才培育需要注重创新能力和实践能力的培养。创新能力和实践能力是人才在解决实际问题与推动社会发展中必备的能力。在教育和培养中，应该注重培养学生的创新思维和实践能力，通过项目实训、实践实习等方式，锻炼学生的动手能力和解决问题的能力。例如，在工程领域的人才培养中，应该注重培养学生的实际操作能力和工程实践能力，使他们能够从事实际工程设计和管理的工作。

人才培育需要注重知识、能力、素质和价值观等多个方面的培养。知识是人才培育的基础，能力是人才在实践中能够运用知识解决问题的能力，素质是人才整体素养和道德品质，价值观是人才的核心价值观念、职业道德和社会责任感。通过全面传授与培养学生的知识、能力、素质和价值观，可以培养出适应社会发展需求的优秀人才，为经济社会发展做出贡献。总的来说，人才培育的内涵包括知识、能力、素质、价值观，以及实践能力和创新能力等多个方面。通过系统的教育和培训，注重培养和发展人才的各个方面，可以培养出适应社会发展需求的优秀人才，为国家的经济发展和社会进步做出积极贡献。

四、高素质技术技能人才培育范式的关键要素

高素质技术技能人才培育范式的关键要素包括教育目标、课程设计、教学方法、评价与认证体系，以及教师和学生的角色。教育目标应该明确高素质技术技能人才的培养目标和要求，包括专业知识和技能的要求、综合素质和实践能力的要求。课程设计应根据培养目标的要求，设计具有学科融合性、实践性和创新性的课程，注重理论与实践的结合，培养学生的创新思维和实践能力。教学方法应灵活多样，包括讲授、实践、解决问题、合作学习等多种教学方式，使学生充分参与和体验学习过程。评价与认证体系应该与培养目标相匹配，注重评价学生的能力和综合素质，包括学术能力、实践能力、创新能力等。教师和学生的角色应转变为引导者与参与者，教师应扮演引导学生学习和实践的角色，学生应主动参与和探索。

高素质技术技能人才的培养是推动科技创新和经济发展的重要力量。为了培养出具备应对新时代挑战的技术人才，教育工作者需要构建适应时代需求的高素质技术技能人才培育范式。下面将具体介绍高素质技术技能人才培育范式的关键要素。

（一）多元化的教育模式

高素质技术技能人才培育应该摒弃传统的教育模式，采取多元化的教育模式，从而提供给学生更广泛、更深入的学习体验。传统的教育模式过于注重知识的灌输，忽略了学生的创新能力和解决问题的能力。多元化的教育模式则注重培养学生的自主学习和实践能力，能够使他们充分发挥自己的创造力和创新思维能力。多元化的教育模式包括以下几个方面：

1. 项目制学习

通过设立实际项目和任务，培养学生解决实际问题的能力和团队合作能力。例如，在计算机科学领域的教育中，可以组织学生参与开发一个软件产品的全过程，让他们在实践中学习编程技术，培养团队协作和项目管理等能力。

2. 实习实训

通过实际的工作实践，让学生将理论知识应用到实践中，培养他们的实际操作能力。例如，在工程类专业的培养中，学生可以参与到实际的工

程项目中，与专业人士一起进行实地勘察、设计和施工，从而提升自身的实践能力和创新能力。

3. 社会实践

通过让学生参与社区服务、社会调研等活动，促进学生社会责任感和人文素质的培养。例如，在社会学专业的教育中，学生可以参与社区的公益活动，了解社会问题和社会发展需要，从而培养自身的社会责任感和解决社会问题的能力。

（二）产学研结合

高素质技术技能人才的培养需要将学校教育与产业需求相结合，实现产学研一体化。通过加强学校与企业、科研机构之间的合作，将学生的培养与实际需求相结合，能够使学生接触到真实的工作环境和问题，从而培养出符合市场需求的专业技能和技术能力。产学研结合包括以下几个方面：

1. 实践导向的课程设置

在课程设置上应注重实践操作和实际问题的探讨。

2. 实训基地和实习机会

学校可以与企业合作建立实训基地，并为学生提供实习机会，让他们接触到真实的工作环境和实际的工作项目。

3. 科研项目的参与

学校可以组织学生参与科研项目，与教师和科研人员共同开展研究工作，培养学生的科研能力和创新意识。

（三）个性化的学习和发展支持

高素质技术技能人才的培养需要提供个性化的学习和发展支持，根据学生的兴趣、能力和发展潜力，为他们提供相应的教育和培养资源。通过个性化教育，可以激发学生的学习动力和创造力，从而提高他们的学习效果和发展潜力。个性化的学习和发展支持包括以下几个方面：

1. 学习资源的个性化配置

根据学生的兴趣和学习需求，为他们提供丰富多样的学习资源，如学习资料、教学技术和学习平台等。学校可以建立在线学习平台，为学生提供个性化的学习计划和学习资源，并根据学生的学习进度和能力，进行智能化的学习指导和评估反馈。

2. 学习方式的个性化支持

根据学生的学习习惯和学习速度，提供个性化的学习方式和学习环境。比如在课程教学中，可以采用分层次的教学方式，根据学生的学习水平和学习风格，为他们提供相应的教学内容和学习资源。

3. 发展规划的个性化支持

为学生提供个性化的职业发展规划和指导，帮助他们在技术领域中找到自己的定位和发展方向。在职业规划中，学校可以开设相关的课程并进行培训，为学生提供职业咨询和实践机会，帮助他们了解不同职业道路的要求和前景，从而规划自己的职业发展蓝图。

高素质技术技能人才的培养需要考虑多元化的教育模式、产学研结合与个性化的学习和发展支持三个关键要素。通过构建适应时代需求的高素质技术技能人才培育范式，可以提高人才培养的质量和效果，为国家的科技创新和经济发展提供有力支持。高素质技术技能人才培育范式的关键要素是相互关联和相互促进的。多元化的教育模式为学生提供了丰富多样的学习体验，产学研结合强化了学生在实际工作环境中的实践能力，个性化的学习和发展支持则将培养重点放在学生个体的发展需求上。只有在这些关键要素的共同作用下，才能培养出具备高素质技术技能的人才。

五、高素质技术技能人才培育范式的实施策略

高素质技术技能人才培育范式的实施策略包括教育政策支持、教师培训、教育资源投入及产学合作等。教育政策支持是高素质技术技能人才培育的关键。政府应制定相应的政策和计划，鼓励和支持高素质技术技能人才的培养。教师培训是提升教育质量的重要手段，教师应接受针对高素质技术技能人才培养需求的培训，更新教育理念和教学方法。教育资源投入是实施高素质技术技能人才培育的基础，包括教育设施、实验仪器设备、图书资料和网络资源等。产学合作是实施高素质技术技能人才培育的重要途径，通过与企业和科研机构的合作，可以为学生提供实践性学习的机会和资源，提升学生的实践能力和就业竞争力。

在教育中，教师可以通过新颖的教育方法和教学资源，为学生提供更

广泛、更深入的知识体系,从而为他们提供更好的知识基础。例如,引入适合学生思维方式和学习方式的游戏化教学、项目制学习等方法,能够提升学生的学习兴趣和积极性,促进他们主动学习和自主发展能力的培养。在培训中,教师可以通过实训、实习、创新项目等方式,帮助学生提升实践能力和创新能力。例如,通过参加工程实训、科研项目等实践活动,学生可以将所学的理论知识运用到实际的工程设计、建造和管理中,提升自己的实践能力和创新能力。

六、高素质技术技能人才培育范式的展望

高素质技术技能人才培育范式的实施面临诸多挑战,如教育资源的不均衡分配、创新教育模式的推广和评价认证体系的完善等。未来,高素质技术技能人才培育需要进一步加强教育改革和创新,在教育体制、教育内容和教育方法等方面进行探索与实践,不断提高培养质量和效果。"政校企合作是推动产学研合作,促进经济发展,实现政校企三赢的重要模式,要充分认识政校企合作对推动高校毕业生就业和企业招工用工的重要性,紧紧围绕产业发展对人才的需求,建立校企深度合作的长效机制,搭建企业与院校双向合作交流平台,把开展好政校企合作作为破解就业结构性矛盾及本地招工难题的重要抓手,做实做细政校企合作工作,确保政校企对接高效畅通。"[1]同时,应提升高素质技术技能人才的社会认可度,促进教育与就业的紧密衔接,为高素质技术技能人才实现个人发展和做出社会贡献提供更好的机会与条件。

高素质技术技能人才培育范式的内涵界定是对适应科技发展需求的高素质技术技能人才培养目标和要求进行明确与界定的过程。高素质技术技能人才的培养涉及专业知识和技能的培养,同时也需要注重综合素质和实践能力的培养。高素质技术技能人才培育的关键要素包括教育目标、课程设计、教学方法、评价与认证体系,以及教师和学生的角色。实施高素质

---

[1] 刘昭. 政校企合作助推高素质技术技能人才培养[J]. 新疆职业教育研究,2023(03):58-60.

技术技能人才培育范式需要政府的政策支持、教师的培训、教育资源的投入及产学合作等。面对未来，我国需要进一步加强教育改革和创新，提高高素质技术技能人才的社会认可度，为他们实现个人发展和做出社会贡献创造更好的机会与条件。

第三章 高素质技术技能人才培育的困境研究

第一节 高素质技术技能人才培育的现状分析

从20世纪90年代后期开始，我国制造业开始出现"技工荒"，即技术工人、高级技术工人供不应求的现象，"初期主要表现为高级技术工人的短缺，到后来的十几年则发展成为技工的普遍缺乏，这在很大程度上制约了我国向制造业强国转型的步伐。技工荒最早从珠三角、长三角开始，后逐渐蔓延到内部各省份，中国的制造业相对集中的几个主要经济区域，都出现了不同程度的技工荒"[①]。今天来看，所谓"技工荒"其实就是高素质技术技能人才严重不足。为了深入了解高素质技术技能人才培育的现状，本节将对目前的情况进行分析。通过分析高素质技术技能人才培育的现状，可以了解现有的问题和挑战，从而提出优化培育策略，提高人才培养的效果和质量。

一、教育系统的技术技能人才培育

教育系统在培养高素质技术技能人才方面起着重要的作用。现状分析表明，教育系统在技能培养方面存在以下几个主要问题：

（一）课程设置不合理

1. 问题现状

一些教育机构的课程设置过于理论化，缺乏实践导向，未能与实际工作

[①] 工业和信息化部工业文化发展中心. 工匠精神——中国制造品质之魂 [M]. 北京：人民出版社，2016.

需求相匹配，这使得学生在毕业后可能存在技能与实践能力不足的问题。

在教育系统的技术技能人才培养中，课程设置不合理是一个十分严重的问题，它深刻地影响着学生的学习效果和未来的职业发展。学生在接受教育的过程中，需要接触到与实际工作需求密切相关的课程内容，以便更好地适应并应对职业生涯中的各种挑战。

2. 原因分析

课程设置不合理的问题具有多重原因，其中之一是一些教育机构过度侧重于理论知识，忽视了实践导向。这些机构过于强调基础理论和学科知识的传授，而忽略了将所学知识应用于实践的重要性。例如，在信息技术领域，一些学校过分注重编程语言的基础知识，而忽略了与软件开发实践相关的项目。学生在学校中可能学习了大量的编程语言和算法知识，但很少有机会真正将这些知识应用于实际的软件开发项目中。这导致学生在毕业后面临实际工作时通常会出现不适应和困惑的感觉，因为他们缺乏实际项目开发的经验和技能。

另一个导致课程设置不合理的原因是教育机构缺乏灵活的课程更新机制。技术和行业的发展日新月异，但一些教育机构的课程设置没有及时跟上这些变化。这使得教育机构培养出的学生所掌握的知识可能已经过时，或者不能满足行业的最新需求。以人工智能领域为例，新的算法和技术层出不穷，但一些学校的课程内容仍停留在老旧的理论框架上，并未及时地更新。这样的情况使得学生在就业市场中竞争力下降，因为他们没有掌握最新的技术及其应用方法。

此外，实践经验的不足也是课程设置不合理的一个关键因素。一些教育机构在课程设置中忽视了实践环节的重要性，未能为学生提供足够的实践机会。由于学生缺乏实际操作的机会，使得他们无法将所学的理论知识转化为实际能力。例如，在工程学专业中，一些学校可能只注重传授学生理论知识，而忽视了对学生进行实验室实践和工程设计等实际能力的培养。这样的教育方式使得学生缺乏实际应用技能的锻炼，使他们在毕业后难以应对复杂的工作任务。

3. 应对措施

为了解决课程设置不合理的问题，学校等教育机构需要采取一系列措施来进行合理的课程设置。首先，教育机构可以加强与行业的联系和合作。通过与行业建立紧密的合作关系，教育机构能够了解行业的需求和趋势，并将这些信息纳入课程设置中。其次，教育机构可以与企业合作开展行业实践项目，让学生参与实际的工作项目，培养其解决实际问题的能力。例如，在信息技术领域，学校可以与互联网公司合作，开设与前端开发技术相关的实践课程，让学生在实际项目中学习并应用各种前端开发技术。

除了与企业等合作外，教育机构可以设立实践导向的课程，给学生提供更多的实践机会。这些课程应该注重学生的实际操作和实际项目经验，使他们将所学的理论知识应用于实际工作中。例如，在计算机科学专业中可以开设软件项目实践课程，让学生在团队中参与软件开发项目，锻炼他们的实际应用能力。

另外，教育机构应该注重学生的反馈和需求，通过学生评价和毕业生追踪调查等方式收集反馈信息，了解课程设置的问题和不足之处。基于反馈结果，教育机构可以及时调整和改进课程设置，以更好地迎合学生的需求和行业的发展。

课程设置不合理是教育系统中一个十分严重的问题，直接影响学生的实践能力和职业竞争力。为了解决这一问题，教育机构需要加强与行业的联系和合作，设立实践导向的课程，并根据学生的反馈和需求来持续改进课程设置。只有这样，教育机构才能更好地培养出适应社会需求的技术技能人才。

（二）师资力量不足

1. 问题现状

一些教育机构的师资力量不足以满足技术技能人才培育的需求，缺乏具有实践经验和行业背景的专业教师，影响了学生的实际能力培养。

师资力量不足是教育系统中普遍存在的一个问题。师资力量是教育质量的重要保证，而师资力量不足则会影响教育的质量和效果。这一问题主要表现为教育机构的师资队伍缺乏专业知识、教学经验和教学热情。

2. 原因分析

师资力量不足的原因有很多，如招聘困难、薪资待遇低等。师资力量不足的第一个原因是招聘困难。一些教育机构在招聘教师时面临的困境是学历和工作经验不足。尤其是一些偏远地区的教育机构，由于地理位置的不便或者薪资待遇较低，很难吸引到高素质的教师。这使得这些教育机构往往只能从有限的简历中选择教师，导致师资力量的不足。例如，在信息技术领域，一些学校可能在招聘计算机科学教师时仅能招聘到少量的资深教师，而更多的应聘者可能只是刚刚毕业或者拥有较少教学经验的教师。

薪资待遇低也是师资力量不足的原因之一。教育机构提供的薪资待遇和福利水平直接影响着教师的工作积极性与职业满意度。一些教育机构由于经费有限或者管理不善，给予教师的薪资待遇相对较低。这使得一些优秀的教师不愿意到这些机构工作，或者流失到其他行业。尤其是一些偏远地区的学校往往面临更严峻的薪资待遇问题，这导致许多优秀的教师不愿意前往这些地区工作，使得师资力量匮乏。

师资力量不足还与教育机构未能提供良好的发展机会和职业发展路径有关。一些教育机构无法给予教师良好的培训和发展机会，导致教师缺乏进修和锻炼，影响其教学能力的提升。此外，教育机构未能为教师提供明确的职业发展路径，导致教师没有足够的晋升空间。这使得一些优秀教师可能会选择其他行业或者去更有竞争力的学校从事教学工作。

3. 应对措施

为解决师资力量不足的问题，教育机构可以采取一系列的措施。首先，教育机构应该提高教师的薪资待遇和福利水平。合理的薪资待遇和丰厚的福利可以吸引更多优秀教师，提高师资力量。其次，教育机构应该提供良好的职业发展路径和晋升机会，激励教师不断提升自己的教学能力和专业水平。

教育机构可以加强内外部合作，以改善师资力量不足的问题。内部合作包括与其他教育机构或研究机构的合作，共享优秀教师和专业资源。例如一些学校可以与科研机构合作，邀请科研人员或工程师来校承办讲座和指导，提升教师的教学水平和专业素养。外部合作包括与企业合作，邀请行业专家来校讲座和指导，使教师了解行业的最新动态和需求，进一步提高自己的教学水平。

教育机构还可以加大对教师的培训力度。通过提供良好的培训机会，教育机构可以帮助教师不断更新自己的教学理念和方法，提升自己的教学能力。例如，一些学校可以开设定期的教师培训课程，邀请专业人士来校进行培训，帮助教师了解最新的教学方法和技术。

总而言之，师资力量不足是教育系统中一个重要的问题。要解决这一问题就需要教育机构加大招聘力度和提高薪资待遇，并为教师提供良好的职业发展机会和晋升空间。同时，教育机构还应加强内外部合作，提供有效的培训，以不断提升教师的教学能力和专业水平。只有这样，教育机构才能拥有优秀的师资队伍，才能为学生提供优质的教育。

（三）缺乏开放性与创新性

1. 问题现状

一些教育机构在教学方法和内容方面缺乏开放性与创新性，未能及时跟上技术发展和市场需求的变化。这导致培养出的学生在应对新问题和新挑战时可能存在困难。

缺乏开放性与创新性是教育系统中一个普遍存在的问题。开放性是指教育机构在课程设置、教学方法及教育环境等方面的开放程度，而创新性则强调教学内容和方法的创新与更新。缺乏开放性与创新性的问题主要表现在教育机构的教学内容单一、教学方法传统及教育环境相对封闭等方面，阻碍了学生的创造力和创新精神的发展，并限制了他们在现实生活中面对问题的解决能力。

教育机构教育环境的相对封闭性也限制了学生的开放性与创新性。一些学校的教育环境较为封闭，缺乏与社会和企业的互动机会，学生很难接触到真实的问题，缺乏与外部资源的连接。这使得他们对于真实世界的理解和认知有所欠缺，无法将所学知识在实践中灵活应用，导致学生缺乏与职业行业相关的实际体验和实践能力的培养。

2. 原因分析

其一，在传统教育体制下，许多教育机构为了追求高分率和升学率，过分强调学生的应试能力和知识记忆，而忽视了学生的实践能力和创新思维的培养。教师往往以应试为导向，重点讲解考试重点和解题技巧，而忽视了学生的创造性思维和解决问题的能力。这导致学生在学习过程中很少有机会进行自主探究和实践操作，同时也缺乏思维的灵活性和创新性。

其二，很多教师使用的教学方法仍然停留在传统的讲授模式和简单的学生记忆与重复。他们很少采用激发学生主动学习的方法，如启发式教学、探究式学习和项目制学习等。这种传统的教学方式限制了学生的自主性和创新性，使他们缺乏独立思考和问题求解的能力。

3. 应对措施

为解决缺乏开放性与创新性的问题，教育机构需要采取一系列的措施。

首先，教育机构应重视学生的创造能力和创新精神，注重培养学生的探索与实践能力。他们可以通过设立开放性的选修课程或者开展创新实践项目提供更多的学习机会。例如，在创业课程中，学校可以支持学生开展自己的创业项目，让他们感受到创新和实践的乐趣，并培养他们的创业意识和创新能力。

其次，教育机构可以鼓励和支持教师采用多元化的教学方法，激发学生的主动性和创新能力。教师可以采用启发式教学、探究式学习和项目制学习等方法，培养学生独立思考和解决问题的能力。例如，在英语教学中，教师可以组织学生进行小组研讨和角色扮演活动，鼓励学生运用所学的语言知识进行实际交流和情景模拟。

最后，教育机构可以加强与社会和企业的合作，为学生提供更多与实际应用和社会需求相关的学习机会。他们可以与企业合作开展实践实习项目，让学生参与真实的工作项目，接触真实的问题和挑战。例如，在工程学专业中，学校可以与工程企业合作，让学生参与工程设计和项目管理，锻炼他们的实际操作能力和解决问题的能力。

缺乏开放性与创新性是当前教育系统普遍存在的问题。为了解决这一问题，教育机构应注重培养学生的创造能力和创新精神，采用多元化的教学方法，提供开放的教育环境，并与社会和企业合作，为学生提供更多的实践机会。只有这样，教育机构才能为学生提供更加开放、创新和有价值的教育，从而培养具有创造力和实践能力的人才。

二、企业系统的技术技能人才培育

企业系统在技术技能人才培育方面也发挥着重要作用。对现状的分析表明，企业系统在人才培养方面存在以下问题：

(一) 培训资源不足

1. 问题现状

企业系统的培训资源不足是教育系统面临的一个重要问题。企业系统的培训资源不足是指教育机构在与企业合作开展实践培训时，企业提供的培训资源有限，无法满足教师和学生的实际需求。一些中小企业和创新型企业缺乏充足的培训资源，无法提供全面的培训机会和更好的平台，影响了技术技能人才的全面发展和进一步提升。这一问题主要表现为企业合作不够紧密、专业培训资源匮乏及缺乏有效的培训评估和跟踪机制。

2. 原因分析

其一，在企业与教育机构的合作方面存在不够紧密的问题。一些企业与教育机构之间的合作缺乏紧密的联系和深入的合作关系。企业和教育机构之间往往只是在某个特定时间段提供简单的培训活动，而缺乏长期的合作和持续的支持。这使得教育机构无法充分利用企业的资源和经验，提供更多实践培训机会。例如，某高校与某公司签订了实习合作协议，但协议中约定的实习时间有限，无法满足学生的实践需求，学生难以获得足够的实际工作经验。

其二，企业系统在为教育机构提供专业培训资源方面存在不足。企业缺乏专业的培训师资和培训设备，无法为教师和学生提供高质量的实践培训。由于一些企业专注自身业务发展，对于教育培训的资源投入有限，使得教育机构和教师在实践教学中面临着困难与局限。例如，在工程类专业中，学生需要进行大量的实验和工程设计实践，但由于学校与企业合作的实践基地设备不够完善，无法满足学生的实践需求。

其三，企业系统缺乏有效的培训评估和跟踪机制也是培训资源不足的原因之一。教育机构无法对企业提供的培训效果进行评估和跟踪，也无法及时了解教师和学生的实际需求，从而无法调整培训计划和改进培训方式。这影响了实践培训的效果和教学质量。例如，在与企业合作的实习项目中，学校无法及时获得企业对学生实习表现的评估和反馈，难以了解学生在实际工作中的发展情况和需求。

3. 应对措施

针对合作关系不够紧密的问题，教育机构和企业可以加强合作，建立长期的合作关系。双方可以共同制订长期的合作计划和目标，并确保定期的沟通和联系。例如，学校可以与企业签订战略合作协议，共同开展教育培训的计划，包括实习、就业指导和创业支持等。

针对企业本身资源不足的问题，教育机构可以与企业合作扩展培训资源，寻求外部支持。一种方式是寻找其他具备专业资源和设施的企业合作，共享培训资源。例如，学校可以与多家公司合作，以获得更多领域的专业培训资源。另一种方式是引入外部专业培训机构，为教师和学生提供专业培训。例如，学校可以与专业的职业培训机构合作，为教师提供专业知识和技能的培训。

此外，建立有效的培训评估和跟踪机制是提升培训资源利用效率的关键。教育机构可以建立定期的培训评估机制，对教师和学生的培训效果进行评估与反馈。他们可以采用问卷调查、面试和实地考察等方式，了解教师和学生在实践培训中的需求与问题。例如，学校可以组织教师和学生进行问卷调查，了解他们对实习项目的评价和建议，进而优化实践培训计划。

综上所述，企业系统的培训资源不足是教育系统的一个重要问题。为解决这一问题，教育机构和企业应加强合作，建立长期的合作关系。同时，可以寻求其他企业的专业培训资源或引入外部培训机构的支持，提升培训资源的丰富度和质量。此外，建立有效的培训评估和跟踪机制，及时了解教师和学生的实际需求，对于提升培训效果和提升教育质量具有重要意义。只有这样，教育机构和学生才能充分利用企业的实践培训资源，提升学生的专业素质和就业竞争力。

（二）缺乏有效的导师制度

1. 问题现状

一些企业缺乏有效的导师制度，无法为学生提供良好的培训环境和指导，影响了学生的实践能力和职业发展。

企业系统的培训缺乏有效的导师制度是教育系统面临的一个重要问题。导师制度是指企业在培训过程中为学员提供专业指导和支持的机制。然而，一些企业的培训体系缺乏有效的导师制度，这导致学员在实践培训中无法得到充分的指导和帮助。这一问题主要表现为导师资源有限、导师素质不高、导师和学员之间缺乏有效的沟通与反馈机制。

2. 原因分析

（1）导师资源方面存在不足

由于一些企业规模较小或者专注自身经营，他们在培训中无法提供足够数量和高质量的导师资源，导致学员在实践培训过程中无法获得及时的指导和支持。

（2）导师素质有待提高

一些企业的导师缺乏培训经验和专业知识，无法很好地指导学员。由于企业系统的导师往往也是正常工作岗位的员工，他们可能未接受过相关培训，所以对于如何有效地进行指导学员的方法与技巧不够了解。导师仅仅在学习过程中解答学员的问题，而缺乏引导学员进行自主学习和批判性思考的能力。例如，某公司派出一位技术人员作为导师，虽然他在技术领域有一定的经验，但缺乏教学经验，无法有效引导学员进行深入的学习和思考。

（3）导师和学员之间缺乏有效的沟通与反馈机制

在一些企业的培训体系中，导师和学员之间的沟通仅限于学习过程中的简单问题解答。学员缺乏与导师进行深入讨论和交流的机会，无法得到导师更全面深入的指导。同时，缺乏有效的反馈机制也限制了学员在实践培训过程中的成长和进步。如某实习项目，学员与导师之间仅通过邮件进行简短的交流，使得导师无法了解学员的具体情况和困难，也无法为学员提供个性化的指导和建议。

3. 应对措施

对于企业系统的培训缺乏有效的导师制度的问题，有几种潜在的解决途径：

首先，企业可以加强培训导师的选拔和培养，提高导师素质。企业可以通过选拔具有丰富实践经验和良好教学能力的员工作为导师，或者通过外部聘请专业的教育培训师作为导师。同时，企业也应该为导师提供培训机会，提升他们的培训和指导能力。例如，某公司为指导实习生的导师组织了专门的培训班，使其学习如何有效引导学员进行自主学习、如何针对学员的个性化需求给予指导，等等。

其次，企业可以建立有效的沟通和反馈机制，促进导师与学员之间的深入交流。企业可以组织固定的导师—学员会议或建立讨论组，让导师和学员有机会分享心得体会，互相交流学习。同时，企业还可以建立定期的学员反馈机制，学员可以向导师提供自己的看法和建议，从而帮助导师了解学员的困难和需求，为学员提供更好的指导和支持。例如，某公司为实习生设立了每周例会，学员可以分享实习过程中的困难和收获，导师可以提供指导和建议。

最后，教育机构和企业可以共同合作，建立专门的导师培训机制。教育机构可以提供关于导师能力培养的专业课程，培训导师有效指导学员并激发其学习潜能。企业可以为导师提供实际教学实践的机会，让导师将培训理论与实际操作相结合。例如，某高校与一家企业合作开设"导师培训与实践创新"课程，学员既可以学习导师培训的相关知识和技能，也可以参与企业项目的实践操作。

企业系统的培训缺乏有效的导师制度是一个亟待解决的问题。为解决这一问题，企业可以加强培训导师的选拔和培养，提高导师素质。同时，企业也应建立有效的沟通和反馈机制，促进导师和学员之间的互动与深入交流。此外，教育机构和企业可以共同合作，建立专门的导师培训机制，以促进导师能力的培养和实践教学的提升。通过加强导师制度的建设，实践培训将更好地满足学员的需求，促进他们的专业成长与发展。

（三）需求与供给不匹配

1. 问题存在

一些企业的需求与教育系统的供给存在不匹配的情况。教育系统培养的人才与实际岗位需求不符，使得企业在招聘和培养人才方面面临困难。

企业系统的培训需求与供给不匹配是教育系统中的一个重要问题。培训需求与供给之间的不匹配主要表现为培训内容和形式的不适配、培训资源的不足，以及培训效果评估制度的不完善。

2. 原因分析

（1）培训内容和形式的不适配

由于企业的业务发展和技术进步，他们所需的培训内容和形式也在不断变化。然而，教育机构往往难以及时了解和适应企业的培训需求，并提供与企业需求相适应的培训内容和形式。例如，某企业正在开展一项新的技术项目，他们希望培训学员掌握与该项目相关的知识和技能。但当他们向附近的高校寻求合作时，发现学校的相关课程并不涵盖他们所需的具体内容，无法满足企业的培训需求。

（2）培训资源的不足

企业培训的资源主要包括师资、场地、设备和经费等。然而，由于种种限制，一些企业无法提供足够的培训资源，无法满足教育机构的需求。例如，某高校与一家企业合作开展实习项目，但该企业缺乏实习岗位和相应的设备与经费，无法为学生提供充分的实践机会和培训资源。这种资源不足导致学生缺乏实践培训的机会，影响了他们的实践能力和就业竞争力。

（3）培训效果评估制度的不完善

培训效果评估是评估培训方案和内容是否达到预期目标的关键环节。然而，许多教育机构缺乏有效的评估体系，无法及时了解培训的实际效果和学员的学习成果。这使得教育机构无法及时调整培训内容和形式，无法满足企业的需求。例如，某高校与一家企业合作开展实习项目，但学校没有建立有效的评估机制，无法了解学生在实习过程中的表现和成长，也无法及时调整培训计划，导致学生的实践能力得不到有效提升。

3. 应对措施

为解决企业系统培训需求与供给不匹配的问题，需要采取一系列相应的措施。

首先，教育机构和企业应加强合作，建立长期稳定的合作关系。通过多方面的交流和沟通，教育机构可以更好地了解企业的培训需求，提供与企业需求相适应的培训内容和形式。例如，某高校与一家汽车制造企业合作，他们定期组织学校的教师参观企业，了解最新的技术需求和学习资源，以便为学生提供更贴近实际的课程内容和培训资源。

其次，教育机构可以与更多的企业合作，扩展培训资源，满足不同学生的实践培训需求。教育机构可以与多个企业建立合作关系，分散培训资源，提供更多样化的选择。例如，某高校与多家企业合作开展实习项目，学生可以根据自己的兴趣和专业选择合适企业进行实习，获得不同领域的实践经验。

再次，教育机构和企业可以共同投资，建设共享的培训设施。例如，某高校与一家企业合作建立了共享实验室，学校和企业共同投资实验室的建设与设备购置，并共享实验室的使用权。这样一来，学校可以充分利用企业的实践资源，为学生提供更丰富、更具体的实践培训机会。

最后，教育机构应加强与企业的合作，建立良好的培训效果评估机制。教育机构可以建立定期评估的体系，对培训的实际效果进行监测和评估。例如，某高校与一家企业合作开设实习项目，在实习期结束后，学校组织学生对实习的体验进行评估，并邀请企业的代表参与评估过程，从而了解学生的实践能力和学习成果。

综上所述，企业系统的培训需求与供给不匹配是需要解决的重要问题。要解决这一问题就需要教育机构与企业加强合作，建立长期稳定的合作关系，以满足企业的培训需求。同时，教育机构应与更多的企业合作，扩展培训资源，提供更多样化的选择。此外，教育机构还应加强培训效果评估，及时调整培训内容和形式，以满足企业的需求。通过教育机构和企业的共同努力，可以实现培训需求与供给的有效匹配，提升学生的实践能力和就业竞争力。

三、小结

本节分析了高素质技术技能人才培育的现状，包括教育系统的技术技能人才培育和企业系统的技术技能人才培育两个方面。分析结果显示：目前存在课程设置不合理、师资力量不足、教学方法缺乏开放性与创新性，以及培训资源不足、缺乏导师制度、需求与供给不匹配等问题。这些问题给技能人才的培育带来一定挑战。然而，通过深入分析现状，可以有针对性地改进现有机制，优化培育策略，提高技术技能人才培育的质量和效果。同时，加强与企业的合作，改革教育模式与教学方法，完善评价体系，培养技术技能人才的综合素质也是未来工作的重要方向。

第二节　高素质技术技能人才培育的问题及成因

高素质技术技能人才的培育是教育系统中的一个重要议题。高素质技术技能人才应具备专业知识和良好的实践能力，并在相关领域具有竞争力。然而，目前在人才培育过程中仍存在一些问题，阻碍了高素质技术技能人才的培养和发展。

一、高素质技术技能人才培育存在的问题

（一）教育与实践脱节

教育与实践脱节是高素质技术技能人才培育中的一个严重问题。在传统的教育教学模式中，教育往往注重理论知识的传授，而忽视了与实际工作场景的紧密结合。这导致学生在实践中难以应用所学的技能，并且无法充分发挥专业知识和技能的实际价值。

1. 问题现状

教育与实践脱节的问题主要表现在以下几个方面：

（1）学校教育与实际工作环境的脱节

学校教育往往注重理论知识的传授，而很少将理论与实践相结合。这导致学生在实际工作环境中面临许多挑战，无法有效地运用所学的知识和技能。例如，在软件开发领域，学生学习编程语言和算法等理论知识，但由于缺乏实践经验，他们很难理解和解决在实际项目中遇到的问题。

在实际工作环境中，往往需要学生具备团队合作、沟通交流、问题解决和创新等能力。然而，目前的教育体系很少为学生提供培养这些能力的机会。学生缺乏实践经验，无法熟悉实际工作环境和流程，限制了他们在实践能力和创新能力方面的发展。

（2）教育机构和行业之间的信息传递不畅

教育机构和行业之间的信息传递不畅是教育与实践脱节的另一个重要

原因。教育机构往往难以及时了解行业的最新需求和技术发展,无法及时调整教学内容和方法。与此同时,行业方面也很少向教育机构提供反馈和需求信息。此外,由于学校和企业之间的联系有限,导致学生无法了解实际工作中的需求和挑战。学生需要通过实际工作经历来获得实践经验,但是在现有的教育体系中,很少有机会进行实践。

2. 应对措施

解决教育与实践脱节问题的关键是加强实践教学的环节。教育机构可以采取以下措施来缩小教育与实践之间的鸿沟。

(1)引入实践教学环节

为了帮助学生将所学的理论知识和技能应用到实际工作中,学校可以与企业合作,建立实践教学基地或实习项目。通过参与真实的工作场景和项目,学生可以积累实践经验,提高自己的实践能力和应用能力。例如,在计算机科学领域,学校可以与软件公司建立合作关系,为学生提供实习机会和项目实战机会,让学生在真实的软件开发项目中应用所学的知识和技能。这样的实践教学可以帮助学生了解软件开发的实际流程和会遇到的挑战,提升他们的实践能力和问题解决能力。

(2)增加师资队伍的实践经验

为了能够向学生传授实际应用的知识和技能,学校可以聘请具有丰富实践经验的教师或行业专家。这些教师或专家可以为学生提供实际案例和项目指导,帮助他们在真实的工作环境中锻炼技能。例如,在工程领域,学校可以聘请具有工程实践经验的工程师担任教师,并开设与实际工程项目相关的课程。这些教师可以与学生分享他们在工程项目中的实际经验,帮助学生了解实际工程工作的要求和挑战,培养学生的实践能力和工程思维能力。

(3)加强教育机构与行业之间的合作和交流

为了及时了解行业的需求和技术发展,教育机构可以与企业建立紧密的合作关系。通过与企业的对接和交流,学校可以了解实际工作中的最新技术及其需求,从而调整教学内容和方法,培养与时俱进的高素质技术技能人才。例如,学校可以与企业合作开展科研项目或进行技术转化,开展教师到企业交流的活动,让教师深入了解行业的最新发展和需求。同时,学校可以邀请企业专家参与课程设计和教学，为学生提供与实际工作相关的案例和项目。

通过引入实践教学环节、增加师资队伍的实践经验及加强教育机构与企业之间的合作和交流，可以缩小教育与实践之间的鸿沟，为学生提供更广阔的实践平台，培养出具备高素质技术技能的人才。只有教育与实践紧密结合，学生才能在实践中应用所学的知识和技能，充分发挥其潜力，为社会的发展做出贡献。

（二）技术变革速度快

技术变革的速度日益加快对高素质技术技能人才的培育提出了更高要求。这一趋势在各个行业和领域中都有明显的体现。技术的快速发展导致了一系列问题和挑战，对人才培养提出了更高的要求。

1. 问题现状

（1）课程和学习内容过时

技术领域的快速变革使得原有的培训课程和学习内容迅速过时。教育系统需要不断跟进最新的技术发展，并更新教学内容和方法，以培养出适应技术变革的高素质技术技能人才。

（2）教育模式和内容跟不上时代

技术的快速发展使得传统的教育模式和内容无法跟上时代的步伐。许多传统教育机构依然沿用传统的教学方法和教材，而忽视了最新的技术和发展趋势。例如，在信息技术领域，新的编程语言和技术不断涌现，但学校的课程内容往往滞后于实际需求，无法为学生提供最新的知识和技能。这导致学生在毕业后需要进行额外的培训和学习，以适应实际工作中的需求。

（3）人才的供需不平衡

技术变革的速度带来了技术人才的供需不平衡问题。许多新兴技术领域的发展迅猛，对高素质技术技能人才的需求日益增长，而现有的人才培养体系却无法满足这种需求。例如，在人工智能领域，企业对具备深度学习、机器学习等技术的人才需求量很大，但市场上的供应相对有限。这就导致了技术人才市场的供需不平衡，也加大了人才的培养难度。

技术变革的速度也给技术人才的更新换代带来了压力。随着技术的迅速发展，一些过去的技术被新的技术所取代，这意味着技术人才需要不断更新自己的知识和技能。例如，在互联网领域，过去的网页设计和开发技术已经被全新的移动应用与云计算技术所取代。这意味着曾经掌握这些过时技术的人才需要重新学习和适应新的技术，否则他们可能会失去竞争力。

2. 应对措施

为了解决技术变革速度快带来的问题，需要在人才培养中采取一系列的措施。

首先，教育机构需要加强与行业的合作和交流，及时了解新技术的发展趋势和行业的需求。通过与行业合作开展实践项目、提供实习机会等方式，可以使学生接触到最新的技术，提前适应技术的发展。

其次，教育内容和课程设置需要跟上技术进步的步伐。教育机构应及时更新教学内容和方法，引入最新的技术知识和实践案例。为了培养学生的创新精神和适应能力，课程设置应注重培养学生的实践操作能力、解决问题能力和团队合作能力。

最后，教育机构可以通过开设拓展课程、组织技术沙龙和学术交流等方式增加学生的实践机会并建立交流平台。这些活动可以为学生提供与技术专家及行业领袖的互动和学习机会，帮助学生了解最新的技术趋势和发展方向。

技术变革速度快给高素质技术技能人才的培养带来了一系列的问题和挑战。通过加强教育与行业的合作和交流、更新教学内容和课程设置、提供实践机会和建立交流平台，以及鼓励持续学习与自我提升，可以提高高素质技术技能人才的培养质量和能力，适应技术变革带来的挑战。

（三）培训资源不足

培训资源不足是高素质技术技能人才培养中的一个重要问题。

1. 问题现状

培育高素质技术技能人才需要投入大量的培训资源，包括设备、实验室和实践机会等。然而，一些教育机构和企业面临资源有限的问题，无法提供足够的培训资源，从而限制了高素质技术技能人才的培育。

在快速发展的技术领域中，技术人才需要不断地更新自己的知识和技能，以适应行业的变化和需求。然而，由于各种原因，培训资源往往无法满足人才的需求，导致人才难以得到适当的培训和发展。

2. 原因分析

培训资源不足的一个原因是缺乏专业的师资。实现高质量的培训效果的前提是有丰富的行业经验和专业知识的教师或导师来指导。然而，由于行业发展迅速，很多新兴技术领域缺少具有前沿知识和实践经验的专业人士，这就导致培训机构很难招聘到合适的教师或导师进行培训。

培训资源不足的另一个原因是缺乏适应性和灵活性。传统的培训机构往往采用固定的课程和教学方式，这种刚性的培训模式难以满足学生的个体差异和市场需求的多样性需要。随着技术的发展和应用领域的多样化，培训机构需要不断调整课程内容和教学方法，以适应不同学生和行业的需求。

培训资源不足还与资源分配不均有关。在一些地区和行业，培训资源的分配不均衡导致一些人才缺乏适当的培训机会。这种不均衡的分配不仅包括地域上的差异，也包括学历、背景和专业的差异。

3. 应对措施

为了解决培训资源不足的问题，需要采取一系列的措施。

（1）建立多元化的培训资源网络

通过与行业和企业合作，建立起丰富多样的培训资源网络。例如，与企业合作开展实践项目、提供实习机会，与研究机构合作开展科研项目等。这样可以为学生和从业人员提供更多的实践机会与学习资源，促进理论与实践的结合。

（2）加强师资队伍的培养

教师和导师是培训的重要组成部分，他们的素质和能力直接影响到培训的质量与效果。因此，教育培训机构应重视教师和导师的培养，加强对他们专业知识和实践能力的培养。同时，教育培训机构还可以通过行业专家的邀请和校企合作的方式，提高专业素养和促进实践经验的分享。

（3）利用在线教育和远程培训

利用信息技术的发展，推广在线教育和远程培训。在线教育平台和远程培训技术可以摆脱时间与空间的限制，让更多的人获得培训机会。特别是在一些资源匮乏的地区和行业，通过在线教育和远程培训可以为学生与从业人员提供更便捷、更灵活的学习方式。

（4）改革教育培训机构的管理和运营模式

教育培训机构应注重市场需求和行业动态的调研，及时调整培训内容和教学方法。同时，教育培训机构还应提高运营效率，提供个性化、定制化的培训解决方案。例如，通过开设短期培训班、专业证书培训班等方式，满足不同学生和从业人员的需求。

总之，培训资源不足是高素质技术技能人才培养中的一个重要问题。为了解决这一问题，需要建立多元化的培训资源网络，加强师资队伍的培养，推广在线教育和远程培训，改革培训机构的管理和运营模式。只有提供充足而多样化的培训资源，才能满足人才的需求，促进高素质技术技能人才的培养和发展。

二、成因

高素质技术技能人才培育问题产生的原因包括以下几个方面：

（一）教育体制问题

教育体制问题是高素质技术技能人才培养中的一个关键挑战。当前教育体制过于注重考试成绩和理论知识的传授，忽视了实践能力的培养，无法满足人才培养的需求。学生在求学期间缺乏与实际工作相关的实践机会，教育体制中缺乏理论与实践相结合的教学方式。这一问题涉及教育目标、教学方法、评价体系等多个方面。为了解决这些问题，需要进行深入的研究和改革。

1. 教育目标的定位

传统教育体制往往以知识传授为主要目标，注重培养学生的记忆和理解能力。然而，在当前快速发展的技术环境中，人才的需求已经发生了巨大变化。现代社会对人才的要求更多地集中在能力培养和创新能力的发展上。因此，教育体制需要更加注重培养学生的实践操作能力、解决问题能力和创新精神。

2. 教学方法的改革

传统教学往往采用一对多的教学模式，注重教师的讲解和传授，而忽视了学生的主动参与和实践操作。然而，在技术人才培养中，学生的主动学习能力和实践能力是非常重要的。针对这一挑战，教育体制需要注重培养学生的自主学习能力和实践操作能力。例如，通过采用项目驱动和探究式学习的方式，可以引导学生主动参与实际项目中，获取和应用知识。同时，教育体制也需要配备更多的实验室和实践设备，提供给学生更多的实践机会。

3. 评价机制的改革

传统的评价体系一般以考试成绩为主要评价标准，注重学生对知识的记忆和理解程度。然而，在技术人才培养中，应更加注重对学生的综合能力和创新能力的培养。因此，教育体制需要转变评价方式，引入针对实践能力和创新能力的评估方法。比如学生的创造力和团队合作能力评估，教师可以通过学生的作品展示、项目报告、团队合作成果等方式来评价学生的能力。这种评价方式不仅能够全面了解学生的综合素质，也能够激发学生的学习兴趣和潜力。

4. 实践与就业衔接

教育体制需要与社会和行业紧密结合，实现教育与就业的有效对接。教育机构应与企业合作，开展实践项目和创建实习机会，让学生获得与实际工作相关的实践经验。同时，学校还可以通过行业专家的邀请和学术交流等方式，增加学生与企业工作人员、专家等的互动和交流。

综上所述，教育体制问题是高素质技术技能人才培养中的一个重要挑战。为了解决这个问题，学校需要关注教育目标的定位，强调实践操作能力和创新精神的培养。同时，教育体制需要改革教学方法，注重学生的主动参与和实践操作能力的培养。评价机制需要进行改革，引入针对实践能力和创新能力的评估方法。与此同时，教育体制还需要与社会和行业紧密结合，使学生获得与实际工作相关的实践经验。只有通过改革教育体制，才能更好地适应技术变革的需求，为高素质技术技能人才的培养创造良好的环境和条件。

（二）教育资源分配不均

教育资源分配不均是一个严重影响高素质技术技能人才培养的问题。一些地区的教育资源相对匮乏，培训设施、教学设备和实践资源等方面的不足，无法为学生提供良好的培训条件和机会，导致一些人才难以获得适当的教育和发展机会，限制了学生的学习和成长。这一问题涉及教育设施、师资队伍、资金投入等多个方面的不平衡分配情况。为了解决教育资源分配不均的问题，需要采取一系列的措施。

1. 地区之间的教育资源差距

在一些经济不是很发达的地区，由于资源有限，缺乏足够的教育设施和优质的师资队伍，导致教育资源有限，学生难以获得高质量的教育。这就造成了该地区学生的学习机会不足，限制了他们的个人发展。为了解决这一问题，政府应当加大对经济欠发达地区教育的投入，修建和完善学校设施，提供有针对性的教材和学习资源，吸引优秀的教师和教育专家到这些地区工作与教学。

2. 城乡教育资源差距

在一些农村地区，教育资源相对较差，缺乏优质的学校设施、先进的教学设备和师资队伍，导致学生难以获得高水平的教育。这就限制了农村学生的学习机会和个人发展。为了解决这个问题，政府可以加大对农村教育的支持，改善农村学校的设施和教育条件，提供更多的教师和教学资源。同时，开展城乡学校的合作交流，共享优质的教育资源，为他们提供更多的学习机会。

3. 学校间和学生群体之间的教育资源差异

在现实中，教育资源的分配不均情况也存在于不同学校和学生群体之间。一些名校和重点学校，教育资源相对比较丰富，学生可以获得更多的学习机会和发展机会；一些普通学校和欠发达地区的学校则资源匮乏，学生缺乏优质的教育和培训机会。为了解决这个问题，政府可以通过内外协同的方式使其共享教育资源。

综上所述，教育资源分配不均是一个严重的问题，阻碍了高素质技术技能人才的培养。为了解决这个问题，需要关注地区之间的教育资源差距，加大对资源匮乏地区的投入，改善学校设施和教育条件。同时，应关注城乡教育资源的差距，加大对农村学校的支持，促进城乡教育资源的共享。此外，也可以通过建立学校之间的合作关系，共享教育资源，提供更多的教育和发展机会。只有减少教育资源的不平衡分配，才能为更多人才提供优质的教育环境和机会，促进高素质技术技能人才的培养和发展。

(三)企业参与度不高

企业参与度不高是高素质技术技能人才培养中的一个关键问题。在现实中,许多企业没有充分参与到教育培训中,不积极参与学生的实践培训,导致人才培养的效果不理想。这一问题涉及企业与教育机构之间的合作、企业对于人才培养的认知和态度等多个方面。为了解决企业参与度不高的问题,需要采取一系列的措施。

1. 加强企业与教育机构之间的合作

企业应积极参与到教育培训中,与学校和职业培训机构建立紧密的合作关系。通过与教育机构的合作,企业可以参与教学内容的设计和调整,为学生提供实践机会和实习机会,为学生提供与实际工作相关的培训和实践机会。

2. 提高和改善企业对于人才培养的认知水平与态度

许多企业缺乏对于技能人才培养的重视和了解,往往倾向于招聘已经具备完全技能的员工,而忽略了对人才的培养和发展。为了解决这一问题,需要加强与企业的交流和沟通,提高企业对于技能人才培养的认知和了解水平,明确技能人才培养的重要性和价值。

3. 提高企业参与人才培养的灵活性

企业通常面临着市场竞争的压力,要求员工具备多项技能。为了适应这种需求,企业需要参与到员工的培训和发展中,提供灵活的培训机会,满足员工不同的学习需求。企业可以通过内部培训、合作学习和在线学习等方式,提供便捷的培训途径。

4. 发挥政府作用

通过制定相关政策和法规,政府可以鼓励企业积极参与人才培养,并提供相应的支持和激励措施。例如,政府可以设立专项资金,用于支持企业参与人才培养,提供培训补贴和奖励措施,鼓励企业与教育部门开展合作。

综上所述,企业参与度不高是高素质技术技能人才培养中一个重要的问题。为了解决这个问题,需要加强企业与教育机构的合作,提高和改善企业对于人才培养的认知水平与态度。政府在推动企业参与人才培养中扮演着重要的角色,可以通过政策和激励措施鼓励企业参与。同时,需要提高企业参与人才培养的灵活性,为员工提供多样化的培训机会。只有增加企业的参与度,才能更好地培养高素质技术技能人才,才能推动经济的发展和创新能力的提升。

(四)缺乏综合素养培养

缺乏综合素养培养是高素质技术技能人才培养中的一个重要问题。高素质技术技能人才不仅需要具备专业知识和技能,还需要具备综合素养,如创新能力、沟通能力和团队合作能力等。然而,传统的教育体系过于注重传授理论知识和专业技能,普遍忽视了这些综合素养的培养,导致学生在工作实践中缺乏综合能力,在面对实际工作和社会生活时存在一定的困难,缺乏应对复杂环境和问题的能力。为了解决缺乏综合素养培养的问题,需要采取一系列的措施。

1. 教育机构应当调整课程设置,注重培养学生的综合素养

不仅要注重专业知识的传授,还要加强学生的思维能力、创新能力、实践能力和沟通能力的培养。通过引入跨学科的课程和项目,培养学生的综合素养,帮助他们发展批判思维、解决问题的能力和创新意识。例如,在芬兰的教育体系中,强调学生的综合素养培养。在课程中不仅要学生学习学科知识,还注重培养学生的创造力、解决问题能力和团队合作精神。学生有机会参与真实的项目和实践活动,培养自身的实际应用能力和综合素养。

2. 学校和教师应当注重培养学生的软技能与综合能力

软技能包括沟通能力、领导能力、团队合作能力等,这些能力对于个人的发展和职业成功至关重要。学校可以引入相关的培训课程和活动,帮助学生提高他们的软技能和综合能力。例如,在美国的一所大学,引入了一门名为"人际关系与领导力"的课程。这门课程不仅传授学生沟通技巧和领导理论,还通过实践活动和案例研究,帮助学生加强团队合作能力和领导能力的培养。

3. 实践教育是培养学生综合素养的重要途径

学生通过实际的实习、实训或社会实践,将学到的理论知识应用到实际工作中,并锻炼各种综合能力。实践教育能够帮助学生更好地理解和运用知识,培养学生解决实际问题的能力和创新能力。例如,在德国的"双元制"职业教育中,学生需要在学校和企业之间进行实习轮转。通过在企业的实践培训,学生能够学到实际工作所需的技能和提升综合素养,并提

高在职场中的适应能力。

社会参与也是培养学生综合素养的一种方式。学生通过参与社区服务、志愿者活动、社团组织等，可以培养社会责任感、团队协作能力和领导能力等关键综合素养。例如，在新加坡的学校为学生提供社区服务的机会。学生可以参与到社区的各种项目中，帮助弱势群体，推动社区发展等。这种社区参与活动不仅可以培养学生的综合素养，还可以培养他们的社会责任感和领导能力。

三、提升高素质技术技能人才培养水平的改进措施

（一）改革教育教学模式

改革教育教学模式是促进高素质技术技能人才培养的重要措施。教育机构可以通过改革教育教学模式，将理论和实践相结合，注重培养学生的创新思维、实践能力和合作精神，如引入实践教学、案例教学、项目实训等教学方法，为学生提供更多的实践机会，帮助学生将所学知识应用到实际情境中。

1. 激发学生的创新思维和提高实践能力

改革教育教学模式的一个重要方向是激发学生的创新思维和实践能力。传统的教育教学模式往往注重教师的讲授和学生的记忆，很少有机会让学生自主思考和动手实践。为了改变这种状况，学校可以引入项目学习、探究式学习和问题导向学习等方式。

（1）项目学习

项目学习是一种基于实际项目的教学方法，学生在项目中自主选择和解决问题，可以培养学生的创新思维和实践能力。例如，在一所学校的科学课上，学生通过设计和构建太阳能发电装置来学习能源转换与光能利用原理。学生在项目中需要运用科学原理解决实际问题，并最终完成太阳能发电装置的制作。这种项目学习方式可以培养学生的实践能力和创新思维，使他们更好地理解和运用所学知识。

（2）探究式学习

探究式学习是一种基于问题提出和解决的学习方式，学生在探究的过

程中自主构建知识，培养学生的探索精神和解决问题能力。例如，教师可以给出一个实际问题，如"为什么某个地区人口分布不均衡？"学生通过查找资料、实地考察和讨论等方式，探究问题的原因，并提出解决方案。这种探究式学习方式能够培养学生的自主学习能力和批判思维，激发他们的创新思维和实践能力。

（3）问题导向学习

问题导向学习是一种以问题为导向的学习方式，通过解决问题来促进学生的学习和思考。教师可以提出一个开放性的问题，引导学生进行思考和探究。问题导向的学习方式可以激发学生的学习兴趣和主动性，培养他们的思辨能力和实践能力。

2. 强调合作学习和团队合作精神

改革教育教学模式还需要强调合作学习和团队合作精神。在现实工作中，很少有单打独斗的情况，多数情况下需要团队合作来解决问题。通过团队合作，学生可以培养合作精神、团队协作能力和交流能力。

合作学习是一种基于学生之间互动合作的学习方式，学生通过合作来共同解决问题和完成任务。例如，教师可以设计一个小组项目，要求学生合作解决一个复杂的问题。学生需要交流想法、协调分工、共同讨论和解决问题。这种合作学习方式能够培养学生的合作精神和团队协作能力，提高他们的交流和沟通能力。

团队合作精神可以通过课外活动和社团组织来培养。例如，学校可以组织各种团队项目，如戏剧表演、模拟创业比赛等，鼓励学生参与团队合作。通过团队合作项目，可以培养学生的合作精神、团队协作能力和领导能力，培养学生的综合素质和实践能力。

改革教育教学模式是促进高素质技术技能人才培养的重要举措。通过激发学生的创新思维和提高实践能力，强调合作学习和团队合作精神，可以更好地培养学生的综合素质和实践能力。通过引入项目学习、探究式学习、问题导向学习、合作学习和团队合作等方式，使学生在学习过程中更加积极主动，培养他们的创新能力、实践能力和合作精神，从而适应未来发展的挑战。

（二）加强与企业的合作

加强与企业的合作是高素质技术技能人才培养的有效途径之一。企业与教育部门之间的合作可以促进知识和技能的有效对接，为学生提供真实的工作场景、实践机会和就业保障，使他们提前适应职场环境，培养他们的实践能力和职业素养。

1. 建立校企合作机制

建立校企合作机制是加强与企业合作的重要措施之一。校企合作机制可以作为一个平台，促进学校和企业之间的交流与合作。通过定期的会议、研讨会和合作项目，学校和企业可以共同制定培养目标与确立学习方向，分享资源和信息，优化课程设置和教学方法。

2. 开展校企合作项目

开展校企合作项目是加强与企业合作的一个重要方式。校企合作项目可以通过合作研究、技术创新、实训基地建设等方式展开。通过项目的合作，学生可以接触到实际工作场景，获得与企业相关的知识和技能，提高实践能力和就业竞争力。

3. 设立实习和就业基地

设立实习和就业基地是加强与企业合作的另一个有效方式。通过与企业建立长期、稳定的合作关系，学校可以为学生提供实习和就业的机会。实习和就业基地可以为学生提供与企业的接触机会，使他们更好地了解企业的运营模式、技术需求和行业发展趋势。

4. 推行双师型教师培养模式

推行双师型教师培养模式也是加强与企业合作的重要途径。双师型教师既有教育背景，也有工作经验，在教学过程中能够传授学生专业知识和锻炼其实际应用能力。通过与企业合作建设双师型教师培养体系，能够更好地对接学校教育和企业需求，培养适应实际工作的高素质教师。

综上所述，加强与企业的合作是高素质技术技能人才培养的有效途径。通过建立校企合作机制、开展校企合作项目、设立实习和就业基地以及推行双师型教师培养模式，能够促进知识和技能的有效对接，为学生提供实践机会和就业保障，并加快学生的职业发展。这种紧密的学校和企业的合作关系将为培养高素质技术技能人才奠定坚实基础。

（三）建立培训资源共享机制

建立培训资源共享机制是高素质技术技能人才培养的一项重要举措。现代社会，知识和技能的更新速度很快，单一的培训机构或教育机构很难满足所有人的需求。教育机构和企业应建立培训资源共享机制，共享设备、实验室和实践资源等，整合各方的优势资源，提供多样化的培训选择和机会，丰富学习资源，满足高素质技术技能人才的培育需求。

1. 建立培训资源整合平台

建立培训资源整合平台是建立培训资源共享机制的核心。该平台可以由政府、教育机构、培训机构等共同构建，用于整合和分享各类培训资源。平台应具备信息化技术支持，便于资源的发布、查询和下载。通过该平台，可以将来自各个领域的培训资源整合在一起，为学习者提供更多元化的学习选择。

2. 促进资源共享与合作

促进资源共享与合作是建立培训资源共享机制的关键环节。培训资源提供者可以通过合作与共享，从多个角度满足学习者的需求；可以通过资源交换、资源互助和资源共建等方式，实现资源的共享和合作。

3. 建立行业联盟和网络合作平台

建立行业联盟和网络合作平台是建立培训资源共享机制的有效途径之一。通过行业联盟和网络合作平台，可以将来自不同领域、不同机构的培训资源集合在一起，形成资源共享和合作的网络。联盟成员可以共享培训资源、经验，促进技术技能人才素养的提升。

4. 推动跨领域合作和终身学习

建立培训资源共享机制还需要推动跨领域合作和终身学习。随着科技的不断进步和社会的不断发展，许多领域的知识和技能正在发生变化。通过跨领域的合作和学习，可以促进不同领域之间的知识交流和技能转移，提供更全面和综合的学习体验。

综上所述，建立培训资源共享机制是高素质技术技能人才培养的重要途径。通过建立培训资源整合平台、促进资源共享与合作、建立行业联盟和网络合作平台、推动跨领域合作和终身学习，可以实现培训资源的多样化和共享，增强培训效果和提高学习质量。这种培训资源共享机制将为学习者提供更广泛、更丰富的学习选择，为技术技能人才的培养和发展提供有力支持。

（四）强调综合素养的培养

强调综合素养的培养是高素质技术技能人才培养的重要举措。教育机构应重视综合素养的培养，注重学生的创新能力、沟通能力和团队合作能力等方面的培养。通过多元化的课程设置和活动，培养学生的综合能力，使其成为既有良好技术技能，又有综合素养的高素质技术技能人才。

1. 培养学生的综合思维能力

综合思维能力包括综合分析、问题解决和决策的能力等，可培养学生的全面思考和综合应用能力。强调综合素养培养的一个重要方面是培养学生的综合思维能力。就具体操作来说，学校可以在课程教学中采用综合思维的培养方式。如设计一系列的综合题，要求学生综合运用所学的知识和方法解决复杂的实际问题。学生在解题过程中需要综合考虑不同的知识和概念，运用适当的方法和策略，并进行全面的分析和判断。通过这种方式，学生的综合思维能力得到了有效的训练和提高。

2. 强调团队合作和人际交往能力

在现实工作中，多数情况下需要团队合作来完成工作任务和解决实际问题。学校要促进学生实现团队合作和积极展开人际交往，从而培养学生的合作精神、团队协作能力和有效沟通能力。如鼓励学生成立任务小组，通过相互协作、分工合作，共同解决问题和完成项目。在实践中，学生学会了倾听他人意见、尊重他人观点，并建立起有效的沟通和协作机制。通过团队合作和人际交往，不仅培养了学生的合作意识和合作能力，还提高了教学的工作效率和成果质量。

3. 注重创新能力的培养

创新能力是面对问题时能够提出新的见解和解决方案的能力，是推动社会和技术进步的重要驱动力。如要求学生参与创业项目的策划和实施，鼓励学生发掘问题，提出创新解决方案，并进行市场调研和商业计划的编制。在整个过程中，学生需要运用跨学科的知识和创新思维，将创意转化为实际的商业行动。通过这种创新创业能力的培养方式，学生的创新思维能力得到了锻炼和提高

4. 培养社会责任感和公民意识

作为技术技能人才，学生需要具备积极的社会意识和社会责任感，为社会和环境的发展做出贡献。学校可以组织学生参与社会公益活动，如做义工、参加环保活动等。通过实践，学生能够加深对社会问题的认识，理解社会的需求，并为社会发展做出贡献。在这个过程中，学生的社会责任感得到了培养和提高。

强调综合素养的培养是高素质技术技能人才培养的重要途径。通过培养学生的综合思维能力、团队合作和人际交往能力、创新能力以及社会责任感和公民意识，可以培养具备综合素质的技术技能人才。通过举办综合思维培养课程、开展团队合作项目、推行创新创业教育及开设社会实践课程等方式，学生能够全面发展，提高自身综合素质，更好地适应未来社会的发展需求。

四、小结

高素质技术技能人才的培育在教育系统中面临着一些问题和挑战。通过改革教育教学模式、加强与企业的合作、建立培训资源共享机制以及强调综合素养的培养，可以提升高素质技术技能人才的培养质量，满足社会对于高素质技术技能人才的需求。只有通过多方面的措施，才能为培养出适应技术发展的高素质技术技能人才打下良好基础。

第三节　高素质技术技能人才培育的对策分析

本节将对高素质技术技能人才培育的重要措施和方法进行进一步的分析与评价，以期能够提出一系列有效的对策，促进高素质技术技能人才的培育。

一、加强与企业的合作

加强与企业的合作是高素质技术技能人才培育的重要途径。通过与企业的合作，学校能够更好地了解企业的技术需求和行业发展趋势，及时调整和优化教学计划与课程设置。此外，与企业合作还能为学生提供更多的实践机会和就业保障，加快学生的职业发展。

为了加强与企业的合作，可以采取以下一些具体措施：

（一）建立校企合作机制和沟通平台

建立校企合作机制和沟通平台是加强与企业合作的有效途径。学校应该积极主动地与企业建立合作机制和沟通平台，实现优势互补、资源共享、共同发展。建立校企合作机制和沟通平台，学校能够更好地了解企业的需求，与企业共同制定培养方案和进行课程设置，为学生提供更加实用和有针对性的教育与培训。

1. 建立校企合作机制

建立校企合作机制是加强学校与企业合作的基础。这需要建立一个稳定、规范、持续发展的合作体系，明确双方的合作目标、责任和权益，确保校企合作的顺利进行。学校和企业可以通过签署合作协议或合作框架协议来确立双方的合作关系与原则。协议的签署将明确双方的合作目标和合作方式，为合作的实施提供法律依据。学校和企业可以成立校企合作委员会或工作小组，负责协调和管理校企合作的具体事务。委员会或工作小组由学校和企业的代表组成，共同讨论合作的具体实施方案，监督合作的进展，解决合作中的问题。同时，学校和企业可以建立校企合作办公室或协调中心，作为校企合作的调度和管理中心，负责合作项目的规划、组织和推进。该办公室或中心能够提供专门的人员和资源支持，为校企合作的顺利进行提供保障。

2. 建立沟通平台

建立校企合作的沟通平台是加强合作的关键。通过沟通平台，学校和企业能够随时交流信息、共享资源、解决问题，确保合作项目的顺利进行。首先，双方可以建立一个统一的在线平台，用于学校和企业之间的信息交流与资源共享。平台可以提供信息发布、查询、交流和下载的功能，以便学校和企业分享经验、发布需求，共同解决问题。其次，双方可以定期举办校企合作的研讨会、交流会、学术研讨会等活动，为教师和企业人员提供互动的机会。通过这些活动，可以促进教师和企业人员之间的交流与合作,共同研究技术问题,分享创新成果。最后,双方可以建立一个校企合作的专家库或顾问团队,包括学校和企业的专家、学者与工程师。该专家库或顾问团队可以为学校和企业提供专业的咨询与指导,为合作项目提供技术支持和解决问题的建议。

建立校企合作机制和沟通平台是加强学校与企业合作的重要手段。通过建立稳定的合作机制和健全的沟通平台,学校可以更好地了解企业的需求,与企业共同制定培养方案和进行课程设置。同时,沟通平台的建立也有助于学校与企业之间的信息交流、资源共享和问题解决,促进校企合作的顺利进行。通过这些措施,学校能够更好地实现与企业的紧密合作,为学生提供更加实用和有针对性的教育与培训,以培养高素质技术技能人才。

(二)开展实践项目和校企合作项目

开展实践项目和校企合作项目是加强学校与企业合作的重要手段。通过开展实践项目和校企合作项目,一方面将理论知识与实际应用相结合,使学生更好地了解和应用所学的知识与技能;另一方面为学生提供更多的实践机会,提高他们的动手能力并获得工作经验,从而培养出具备实践能力的高素质技术技能人才。

1. 实践项目的开展

开展实践项目可以帮助学生将所学的理论知识应用于实践中,提高他们的动手能力和解决问题的能力。实践项目包括实习项目、毕业设计项目、创业项目等。通过与企业的合作,能够使学生更好地了解实际工作环境和需求,培养他们的实际工作能力。

2. 校企合作项目的开展

校企合作项目是学校与企业共同开展的项目,旨在培养学生的实践能力,满足企业的需求。校企合作项目包括科研项目、产品开发项目、智能制造项目等。通过与企业的紧密合作,学生能够接触到真实的工作场景,深入了解企业的工作要求和流程。

实践项目和校企合作项目的特点是与实际工作相结合,注重学生的实际操作能力和解决问题能力。这些项目与传统的理论学习相比,更加注重学生的实践操作和团队协作能力的培养,更加贴近企业的需求和实际场景。

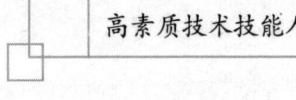

3. 学校开展实践项目和校企合作项目的措施

首先,学校可以提供专门的实践课程或实践模块,使学生收获必要的理论知识和实践技能。其次,学校可以与企业合作,为学生提供实践机会和实践导师。企业的专业人员可以为学生提供指导和支持,帮助学生更好地完成实践项目。最后,学校可以组织一些实践活动,如工厂参观、实地调研等,让学生近距离感受实际工作环境,了解企业的需求。

总之,开展实践项目和校企合作项目是加强学校与企业合作的重要手段,能够为学生提供更多的实践机会,提高他们的动手能力和使其获得工作经验。通过这些项目,学校可以将理论知识与实践应用相结合,培养具备实践能力和创新能力的高素质技术技能人才。

(三)共建实习和就业基地

共建实习和就业基地是加强学校与企业合作的另一个重要方向。通过与企业共同建立实习和就业基地,可以为学生提供更多的实践机会和就业保障,提高实际操作能力和职业素养,加快职业发展。实习和就业基地可以是企业内部的培训中心、实验室等,也可以是学校与企业共同投资建设的场所。

共建实习和就业基地对学校与企业都有很大的意义。对学校来说,共建实习和就业基地可以为学生提供更多的实践机会,使其获得实际工作经验,帮助学生更好地了解专业领域的工作环境和要求,提高他们的就业竞争力;对企业来说,共建实习和就业基地可以为企业提供更多的人才资源,帮助企业培养和引进高素质的技术技能人才,推动企业的发展。

1. 实习和就业基地的建设过程

共建实习和就业基地是一个系统工程,需要学校与企业共同参与和努力。建设过程需要经历以下几个阶段:

一是需求分析和规划阶段。在这个阶段,学校和企业需要共同分析与了解双方的需求及目标,明确实习和就业基地的规模与功能。学校可以通过调研和访谈,了解企业对人才的培养需求,确定合适的基地规模和功能布局。

二是资源整合和投资筹措阶段。在这个阶段,学校和企业需要共同整合与配置资源,确定合适的建设方案和投资计划。学校可以提供场地和教学设备，企业可以提供专业知识和技术支持。双方可以共同筹措资金，制订合理的资金使用计划。

三是建设和运营阶段。在这个阶段，学校和企业共同完成基地的建设与运营工作。双方可以协商成立一个共同的管理机构或管理团队，负责基地建设和日常运营，包括设备采购、场地改造、师资培训等工作。

2. 共建的实习和就业基地的特点

一是能够为学生提供更多的实践机会。通过共建实习和就业基地，学生能够在真实的工作场景中进行实习和实践，将所学的知识和技能应用到实际工作中。

二是能够提高学生的就业竞争力。共建实习和就业基地能够为学生提供更加实用的教育与培训，提高他们的实际操作能力和职业素养，增加他们的就业竞争力。

三是能够促进校企合作的深化。共建实习和就业基地能够促进学校与企业之间的深度合作，实现资源共享、优势互补。通过共同建设基地，学校和企业能够更加紧密地结合起来，共同培养高素质技术技能人才。

综上所述，共建实习和就业基地是加强学校与企业合作的一种重要形式。通过共建实习和就业基地，能够为学生提供更多的实践机会和使其获得实际工作经验，提高他们的实际操作能力和职业素养。同时，共建实习和就业基地能够加强学校与企业之间的合作，促进双方的互利共赢。

二、建立培训资源共享机制

建立培训资源共享机制是高素质技术技能人才培育的另一个重要途径。通过共享资源，可以提供多样化的培训选择，丰富学习资源，增强培训效果。

（一）构建资源合作共享平台

首先，可以建立一个统一的在线平台，整合各方的培训资源。平台可以提供资源的发布、查询和下载功能，方便学习者获取所需的培训资源。其次，可以推动资源提供者之间的合作与共享，如通过资源交换、资源互助等方式，实现资源的共享和合作。最后，可以建立行业联盟和合作平台,将来自不同领域、不同机构的培训资源集合在一起,形成资源共享和合作的网络。

(二)建立培训资源共享机制

培训资源共享机制包括教师培训资源共享、教学资源共享和实践资源共享,通过这些共享机制,学校和企业可以互通有无,相互支持,共同推动高素质技术技能人才的培养。

1. 教师培训资源共享

教师是高素质技术技能人才培养的关键。通过建立教师培训资源共享机制,学校和企业可以共同为教师提供培训的资源与支持,增加教师的专业知识和提高教师的教学能力。

一种方式是学校邀请企业的专业技术人员来校举办讲座和培训,分享最新的技术发展和应用案例。企业的专业技术人员可以利用自己在实际工作中积累的经验,为教师提供实用的指导和建议。

另一种方式是学校与企业合作开设一些专业技能培训班或研修班。企业可以提供技术人员担任讲师,分享自己的专业知识和经验。学校可以提供教室和设备支持,组织教师参加培训。

2. 教学资源共享

教学资源共享是指学校和企业共享各自的教学资源,如教材、实验设备、实训场所等,以满足培养高素质技术技能人才的需求。

一种方式是学校可以向企业借用或共享企业的实验设备和实训场所。企业通常有更先进的实验设备和实训场所,可以为学生提供更好的实践环境和条件。学校可以与企业协商共享这些资源,使学生利用这些资源进行实践活动和实验操作。

另一种方式是学校与企业共同开发或编写教材和教学案例。企业具有丰富的实践经验和实际案例,可以为学校提供这些资源,帮助学校更好地教学和培养学生的实际操作能力。

3. 实践资源共享

实践资源共享是指学校和企业共享实践资源,如实习岗位、实践项目和实践基地等,为学生提供更多的实践机会和实际工作经验。

一种方式是学校与企业合作开展实习项目。学校可以与企业协商建立实习基地，为学生提供实习机会。企业可以安排实习岗位，指导学生进行实际工作。通过实习项目，学生能够在真实的工作环境中学习和使其获得实践，提高实际操作能力和职业素养。

另一种方式是学校与企业合作开展实践项目。学校可以邀请企业提供实践项目的题目和资源，学生可以以项目为内容进行设计、制造、测试等实践活动。通过实践项目，学生能够将所学的知识和技能应用到实际问题中，锻炼其解决问题的能力。

综上所述，建立培训资源共享机制是促进学校与企业合作，提高高素质技术技能人才培养质量的重要方向。通过教师培训资源共享、教学资源共享和实践资源共享，学校和企业可以互通有无，相互支持，共同培养出符合实际需求的高素质技术技能人才。这种共享机制能够为教师提供专业知识和促进其教学能力的提升，为学生提供更多的实践机会和使其获得实际工作经验，实现学校与企业的优势互补，共同推动高素质技术技能人才的培养。

三、强调综合素质的培养

强调综合素质的培养是提高高素质技术技能人才培育质量的必要手段。随着社会的发展和竞争的加剧，单一的专业知识和技能已经不能满足人才的需求，企业更加注重综合素质的培养，不仅要求学生具备专业知识和技能，还要具备良好的人际交往能力、团队合作能力、创新思维等综合素质。

（一）实施多元化的教学课程改进

首先，可以通过设置专门的课程或课程模块，培养学生的综合思维能力。这些课程包括综合题、案例分析等，要求学生在解答问题和解决实际问题时进行全面的分析与综合运用。其次，注重团队合作和人际交往能力的培养，如通过项目式学习、团队作业等方式，鼓励学生合作、沟通和协作。最后，通过开展创新创业教育和社会实践活动，可以提高学生的创新能力和社会责任感。

（二）融入素质教育的课程设置

融入素质教育的课程设置是强调综合素养培养的基础。学校可以通过课程的设置,将综合素质教育融入学生学习的全过程。

首先,学校可以通过设置专门的课程来培养学生的综合素质。这些课程可以涵盖社会实践、创新创业、领导力培养等内容,旨在培养学生的团队合作能力、创新思维能力和领导力。

其次,学校可以在专业课程中融入综合素养培养的内容。例如,在工程类专业中,可以设置项目管理课程,培养学生的团队协作和项目管理能力;在艺术专业中,可以设置创意设计课程,培养学生的艺术创造和审美能力。

最后,学校可以鼓励学生参加跨学科的课程和项目,在不同领域间融会贯通,培养学生的综合思维和解决问题的能力。例如,学校可以组织学生参加跨学科项目竞赛,如"创新设计大赛"或"创业计划大赛",让学生在跨领域合作中培养创新能力和综合素质。

(三)学校与企业合作开展实践项目

学校与企业合作开展实践项目是培养学生综合素质的重要途径。通过与企业合作,学生能获得实际工作经验,提高综合素质。

学校与企业可以合作开展实习项目,将学生安排到企业进行实习。通过实习,学生能够深入了解企业的工作环境和要求,锻炼自己的实际操作能力和提升职业素养。

此外,学校与企业还可以合作开展创新创业项目。学校可以为学生提供创新创业的培训和指导,企业可以为学生提供实际的创业平台和资源支持。通过参与创新创业项目,学生能够培养创新思维和团队合作精神,锻炼自己的创业能力。

(四)注重综合素质的评价与考核

注重综合素质的评价与考核是培养学生综合素质的重要保障。学校可以采用多元化的评价方式,如项目报告、实践经验总结、团队合作评价等,来评价学生的综合素质。通过这些方式,可以更全面地了解学生的综合素质和能力,如创新能力、领导力、团队合作能力等。

此外,学校还可以采用综合评价的方式,对学生的专业知识、技能与综合素质进行综合评价。综合评价可以综合考虑学生在课堂的表现、实践项目、实习经验等方面,全面评价学生的综合能力。

综上所述，强调综合素质的培养是培养高素质技术技能人才的重要途径。通过融入素质教育的课程设置、学校与企业合作开展实践项目、注重综合素质的评价与考核，学校能够为学生提供全面的培养机会和平台，帮助学生培养综合素质。通过这种方式，学生不仅能够获得专业知识和技能，还能够获得良好的人际交往能力、团队合作能力、创新思维等综合素质，能够适应社会的变化和发展，为实现个人价值和社会进步做出贡献。

四、小结

通过以上三个方面的对策，可以更加全面地推动高素质技术技能人才的培育。加强与企业的合作、建立培训资源共享机制及强调综合素质的培养，为高素质技术技能人才培育提供更加科学、有效的指导和支持。同时，学校和企业也应该持续关注和研究其他相关对策，共同推动高素质技术技能人才的培养和发展。

第四章 高素质技术技能人才培育范式构建研究

第一节 高素质技术技能人才培育理论

本节将探讨培养高素质技术技能人才的理论框架和主要策略，以及相关的教育方法和实践经验。

一、理论框架

高素质技术技能人才培育的理论框架需要考虑以下几个方面：

（一）培养目标

高素质技术技能人才应具备扎实的专业知识和技能，能够适应科技发展的变化和需求。此外，他们还应具备创新思维、团队合作能力、问题解决能力等综合素质。

高素质技术技能人才的培养目标应该是多元化和全面性的。除了专业知识和技能的培养外，还应注重培养创新能力、团队合作能力、实践能力等综合素质。

（二）教育原则

高素质技术技能人才培育应遵循一些教育原则，以提高培养效果。

1. 因材施教

不同的学生具有不同的学习能力和特点，需要差异化的教育指导。例如，对于有能力的学生，给予他们更大的自主学习权，为他们提供更多具有挑战性的学习任务；而对于有学习困难的学生，应根据他们的特点和需求，以适当的方式和节奏进行辅导。

2. 注重实践与理论相结合

学生学习专业知识和技能时，应注重实践的环节。例如，在教学中应增加实践案例，让学生通过实践活动理解和应用所学的理论知识。

3. 培养综合能力

高素质技术技能人才应具备综合素质，包括创新能力、领导能力、团队合作能力、沟通能力等。例如，在课程设置中要注重综合素养培养课程的设置，如项目管理、创新思维培养、领导力发展等。

（三）教育内容

教育内容是培养高素质技术技能人才的重要组成部分。教育内容应该符合培养目标，包括专业知识和技能的培养以及综合素质的培养。教育内容应包括专业课程的学习、实践教学、综合素养培养等方面。专业课程需要涵盖理论和实践的内容，注重培养学生的实际操作和实践能力。综合素养培养包括创新能力、团队合作能力、沟通能力等方面的培养。

专业知识和技能的培养是高素质技术技能人才培养的基础。学校应设计科学的课程体系，结合实践教学和案例分析，注重培养学生的实际操作能力和职业素养。

综合素质培养是培养高素质技术技能人才的关键。除了专业知识和技能的培养外，还应注重培养学生的创新能力、团队合作能力、沟通能力等综合素质。例如，在综合素养培养课程中，学生可以参加创新项目、团队合作项目，为实际问题提出解决方案，并与团队成员一起工作。

（四）教育方法

在高素质技术技能人才培养中，采用适合的教育方法对于提高培养效果至关重要。

1. 实践导向

学生通过实际操作和实践项目的学习，能够更好地掌握知识和技能，并提高问题解决能力。例如，在工程领域的学习中，学生可以参与实践项目，如设计产品原型、进行实验等，通过实践提高自己的能力。

2. 项目驱动

学校可以组织学生参与实际项目，让他们在项目组中解决实际问题。例如，学生可以参与软件开发项目，在团队中负责特定的任务，通过协作解决问题。

3. 导师制度

导师对培养高素质技术技能人才也起着重要的作用，可以为学生提供个性化的指导和支持，帮助他们更好地发展和成长。例如，每名学生可以拥有一位导师，与其定期交流，讨论学习和职业发展的问题。

（五）实践经验

在实际工作中，一些学校和机构已经积累了宝贵的实践经验，可以用于帮助培养高素质技术技能人才。

1. 学校与企业的合作

学校可以与企业合作开展实践项目和实习项目，为学生提供真实的工作经验。例如，学校与一家软件公司合作，让学生在该公司实习，通过实践提高他们的实际操作能力。

2. 跨学科教学

学校可以设立跨学科的课程和项目，让学生在不同学科之间进行交叉学习和合作。例如，在跨学科的创新项目中，学生可以结合各自的专业知识，共同解决实际问题。

3. 国际交流和合作

学生可以参加海外交流项目，了解不同国家的技术和文化，提高自己的综合素质。例如，学校可以与国外高校合作，共同开发课程和项目，让学生在不同的环境中学习和实践。

在总结以上理论框架和实践经验时，需要强调高素质技术技能人才培养是一个复杂而长期的过程，需要不断改进和创新。学校和教育机构应与企业、社会、国际进行广泛合作，将理论与实践相结合，并积极探索适合自己的培育模式和方法。只有在不断尝试和改进中，才能不断提高培育效果，为社会发展培养出更多的高素质技术技能人才。

二、主要策略

为了有效地培养高素质技术技能人才，需要采取一系列策略和方法。

（一）强调实践教学

实践教学可以帮助学生将理论知识应用到实际工作中，提高他们的实际操作能力和职业素养。在强调实践教学的过程中，学校可以采取多种方法和措施。

1. 实践项目

学校可以与企业合作，为学生提供实践项目的机会。这些项目可以是学生在实际工作环境中解决实际问题的机会。例如，工程类专业的学生可以参与到一个工程项目中，实际负责设计、开发、测试等工作，从而学习到更多实际操作的技巧和经验，并了解实际工作中的要求。

2. 实习

学校可以与企业签订实习协议，为学生提供在企业实习的机会。在实习期间，学生可以在真实的工作环境中进行实际操作和实践，体验实际工作中的各个方面。例如，计算机科学专业的学生可以在软件公司实习，参与到软件开发的实际工作中，了解软件开发的各个环节并提升实际操作能力。

3. 实验课

实验课可以使用真实的实验设备和工具，让学生亲自动手进行实验。通过实验课，学生可以将所学的理论知识应用到实际操作当中，提高实际操作能力。例如，在化学类课程中，学生可以在实验室进行实验，通过实际操作来学习化学原理和实验方法，并获得实验技巧。

4. 项目实践

学校可以组织学生参与各类项目实践，如创新项目、社区服务项目等。通过参与项目实践，学生能够在真实的环境中面对实际问题，并学习解决问题的能力。例如，学校可以开展社区服务项目，让学生与社区居民合作，解决社区面临的问题，如环境改善、公共服务等。

5. 行业实践

学校可以与相关行业进行合作，为学生提供实践项目和实习的机会。通过行业实践，学生能够接触到最新的工作方法、技术和流程，了解行业的实际情况和要求。例如，学校与制造业企业合作，为学生提供实践机会，让他们了解制造业的工作环境和流程，并学习相关的工艺和技术。

6. 技术实训

学校可以设立专门的实验室和实训中心，为学生提供实践环境和设备，让学生进行技术实训。例如，学校可以建立网络实训室，供学生学习网络技术和进行网络配置、故障排除等操作。通过实践操作和实际案例分析，学生能够提高自己的实际操作能力和问题解决能力。

总而言之，强调实践教学是培养高素质技术技能人才的重要策略。通过实践项目、实习、实验课、项目实践等方式，学生将所学的理论知识应用到实际工作中，从而提高实际操作能力和职业素养。对于学校来说，实践教学不仅能提供实际操作的机会，更是培养学生综合素质和职业能力的重要途径。

（二）综合素养培养

综合素养培养是培养高素质技术技能人才的关键策略之一。综合素质的培养需要多种方法和途径，注重培养学生的综合能力和职业素养。

1. 创新能力培养

创新能力培养是培育高素质技术技能人才的核心。学校可以通过创新教育理念和方法，培养学生的创新能力。

（1）提供创新教育课程和活动

学校可以设计相关的创新教育课程和活动，如创新思维培养课程、创新项目等。通过学习创新理论和实践创新项目，学生可以提高他们的创新能力和问题解决能力。

（2）鼓励开展创新项目和研究

学校可以鼓励学生开展创新项目和研究，如科研项目、创新竞赛等。通过参与这些项目，学生可以理解科学研究的过程和方法，并培养他们的创新能力。

（3）提供创新平台和资源

学校可以建设创新实验室、创客空间等创新平台，为学生提供创新资源和支持。通过这些平台，学生可以自由探索和实现他们的创意，并获得相关的实践经验。

2. 团队合作能力培养

团队合作能力是高素质技术技能人才的重要素养。学校可以通过以下方式培养学生的团队合作能力。

（1）开展团队合作项目和课程

学校可以组织学生参与团队合作项目和课程，如团队实验、课程设计等。通过团队合作，学生可以学习到分工合作、沟通协作和决策协调等团队合作的技巧。

（2）引导学生参与社团和学生组织

学校可以鼓励学生参与社团和学生组织，如学生会、科技协会等。通过社团和学生组织的活动，学生可以与其他成员共同合作，解决问题并实现共同目标。

（3）提供团队培训和辅导

学校可以提供团队培训和辅导，为学生提供团队合作技巧和方法的指导。例如，可以组织学生参加团队工作坊，学习团队沟通技巧、冲突管理技巧等。

3. 沟通能力培养

沟通能力是高素质技术技能人才的重要素养。学校可以通过以下方式培养学生的沟通能力。

（1）开设沟通技巧培训课程

学校可以开设沟通技巧培训课程，为学生提供沟通技巧的指导和实践机会。通过学习和练习沟通技巧，学生可以提高自己的口头和书面沟通能力。

（2）提供演讲和表达机会

学校可以组织演讲比赛、报告会等活动，为学生提供展示和表达的机会。通过参与这些活动，学生可以锻炼自己的演讲和表达能力，提高沟通效果。

（3）引导学生参与团队合作项目

团队合作项目需要学生之间良好的沟通和协作。通过参与团队合作项目，学生可以提高自己的沟通能力，并学会与他人合作解决问题。

4. 领导能力培养

领导能力是高素质技术技能人才的重要素养。学校可以通过以下方式培养学生的领导能力。

（1）开展领导力发展课程和活动

学校可以设计领导力发展课程和活动，如领导力讲座、领导力实践等。通过学习领导力理论和实践领导力项目，学生可以提高他们的领导能力和才干。

（2）引导学生担任学生组织职务

学校可以鼓励学生担任学生组织的职务，如社团负责人、班级干部等。通过担任职务，学生可以锻炼领导能力，并在实际中实践和发展自己的领导才能。

（3）提供领导力指导和辅导

学校可以为学生提供领导力指导和辅导，帮助他们发展和完善领导能力。例如，学校可以建立导师制度，为学生提供个性化的领导力指导和支持。

综上所述，综合素养培养是培养高素质技术技能人才的重要策略之一。通过培养学生的创新能力、团队合作能力、沟通能力和领导能力，学校可以提高学生的综合能力和职业素养。在进行综合素养培养时，学校需要灵活运用各种教育方法和资源，为学生提供多样化的学习和实践机会，并且注重各个方面的培养。只有通过系统的综合素养培养，才能培养出具备全面能力的高素质技术技能人才。

（三）科技创新培养

科技创新培养是培养高素质技术技能人才的重要内容和核心任务。通过科技创新培养，学生能够掌握创新思维和方法，获得解决实际问题的能力，并在科技领域中做出贡献。

1. 开设科技创新课程

学校可以开设科技创新课程，如创新思维课程、科技项目管理课程等。通过这些课程，学生可以学习到科技创新的理论知识和实践经验。例如，学校可以开设创新思维课程，引导学生探索问题背后的本质，并学习创新解决问题的方法；同时，学校也可以开设科技项目管理课程，帮助学生学习项目管理的知识和技能，从而在科技创新项目中提高效率和成果。

2. 组织科技创新竞赛

学校可以组织各种科技创新竞赛，如科技创新设计竞赛、科技创业比赛等。通过参与竞赛，学生可以将所学的科技知识应用到实际问题中，并通过竞争激发创新思维和动力。例如，学校可以组织学生参加科技创新设计竞赛，让学生发挥自己的创意和应用学科知识，通过设计和制作创新产品来解决实际问题。参与竞赛能够培养学生的创新思维和解决问题的能力，同时也提供了学生与同行交流和学习的机会。

3. 开展科研实践项目

学校可以开展科研实践项目，为学生提供科研实践的机会。通过参与科研实践项目，学生可以将所学的理论知识应用到实际研究中，并深入理解科学研究的方法和过程。例如，学校可以组织学生参与科研项目，让他们深入研究某个领域的问题，从实践中获得新的发现和经验。科研实践项目能够培养学生的科学研究能力和创新能力，并提高他们解决科学问题的能力。

4. 建立科技创新平台和实验室

学校可以建立科技创新平台和实验室，为学生提供实践和研究的场所与设备。通过提供实践和研究的场所与设备，学校可以激发学生的创新潜能，并提供实践的机会。例如，学校可以建立创客空间，提供创新工具和设备，让学生自由地进行创新和实践；同时，学校也可以建立科研实验室，为学生提供科研实践的场所和设备，促进他们的科学研究能力和创新能力的培养。

5. 与产业界合作开展科技创新项目

学校可以与产业界合作，开展科技创新项目。通过与产业界合作，学生可以接触到实际的科技创新项目，并学习到实际工作中的经验和技能。例如，学校可以与一家科技公司合作，将学生安排到该公司，参与公司的科技创新项目。通过与产业界合作，学生可以了解行业需求和技术发展趋势，并将所学的知识应用到实际项目中。这样的合作关系也为学生提供了实际工作和科技创新的机会。

6. 建立科技创新导师制度

学校可以建立科技创新导师制度，为学生提供导师的指导和支持。通过与导师的互动，学生可以获得专业的指导和建议，培养科技创新的能力和思维。例如，学校可以为学生分配导师，定期与学生进行交流。导师可以为学生提供课题选择、实践指导和论文写作等方面的支持，帮助学生形成科技创新的思维。

综上所述，科技创新培养是培养高素质技术技能人才的重要内容。通过开设科技创新课程、组织科技创新竞赛、开展科研实践项目、建立科技创新平台和实验室、与产业界合作开展科技创新项目以及建立科技创新导师制度等途径，学校可以促进学生科技创新能力的培养。通过科技创新培养，学生可以培养创新思维和方法，具备解决实际问题和在科技领域中做出创新贡献的能力。

（四）实用性教学

实用性教学是一种以培养学生实际操作技能和应用能力为核心的教学策略，旨在让学生能够将所学的知识和理论应用到实际工作与生活中，以提高他们的综合素质和就业竞争力。

1. 实践项目

实践项目是实用性教学的重要组成部分。学校可以与企业、社区或相关机构合作，让学生参与到真实的工作项目中，与专业人士一起解决实际问题，从而将所学的知识应用到实际工作中。例如，在工程类专业中，学生可以参与一个工程项目，与企业合作，亲身体验从设计到实施的全过程，通过实践项目，学生能够学习到更多实际操作的技巧和经验，并了解实际工作中的要求。

2. 案例教学

案例教学是实用性教学的一个重要方式。通过案例教学，学生可以通过分析和讨论实际案例，了解实际问题的解决方法和策略，并培养他们的问题分析和解决能力。例如，在管理类专业中，可以使用真实的企业案例进行教学，让学生分析该案例中的问题，并提出解决方案。通过案例教学，学生能够培养综合运用知识和技能解决实际问题的能力，并提高他们的实际应用能力。

实用性教学不仅能提供实际操作的机会，更是培养学生综合能力和职业能力的重要途径。只有将实用性教学作为教育的重要内容，并灵活运用各种方法和途径，才能培养出具备实际能力和职业素养的高素质技术技能人才。

（五）国际交流与合作

国际交流与合作可以拓宽学生的国际视野，增进跨文化交流与理解，提高学生的语言能力和综合素质。

1. 开展学术交流

学校可以开展学术交流活动,如学术研讨会、国际学术讲座等。通过邀请国内外专家学者来校,与师生分享最新的学术研究成果和前沿知识,加强学术交流与互动。

2. 开展国际交流项目

学校可以与国外高校或相关机构合作,开展国际交流项目。通过学生的参与,可以促进跨文化交流,增进学生对国际事务的了解,提高学生的跨文化交际能力。

3. 开展留学项目

学校可以与国外高校合作,开展留学项目。通过留学,学生可以亲身体验国外的教育体系和文化环境,拓宽国际视野和提高语言能力,提升他们的综合素质。

4. 参与国际学生组织

学校可以鼓励学生参与国际学生组织,如国际学生会、国际文化交流协会等。通过参与国际学生组织的活动,学生可以与来自不同国家和地区的国际学生互动,共同组织和参与文化交流、学术研讨等活动。例如,学生可以参与组织国际文化展览、语言角、文化交流晚会等,与他国学生互相交流和学习他们的文化,提高自己的跨文化交际能力。

5. 开设国际课程

学校可以开设国际课程,注重国际化教育和跨文化传播。通过引进国外教材、模拟国际化教学环境等,提供国际化的教学资源和学习机会,拓宽学生的全球视野和提高跨文化沟通技能。

6. 参与国际性科研合作项目

学校可以与国外相关机构或研究团队开展国际性科研合作项目。通过与国外专业团队的合作,学生可以获得国际领先的科研资源和研究方法,拓宽科研视野,提升自己的科研能力和学术水平。

综上所述,国际交流与合作是培养高素质技术技能人才的重要途径。国际交流与合作不仅能够为学生提供更广阔的发展空间,也能够为学校带来国际化的影响力和声誉。只有通过有效的国际交流与合作,学校才能更好地培养出具备全球视野和跨文化交际能力的高素质技术技能人才。

三、教育方法和实践经验

在培养高素质技术技能人才的过程中，应采用适合的教育方法和借鉴相关的实践经验。

（一）实践导向的学习

实践导向的学习是一种注重学生实际操作和实践能力培养的教学模式。通过实践导向的学习，学生能够将所学的理论知识应用到实际问题中，培养综合素质和职业能力。为了进行实践导向的学习，学校可以采取多种方法和措施，如实践项目、实习、实验课、情景模拟、项目实践、科研实践等，以促进学生的实践能力和创新思维的发展。前文已经介绍实践项目、实习、实验课、项目实践、科研实践等，这里就不再赘述，简单介绍一下情景模拟。

情景模拟是实践导向学习的一个重要方式。学校可以通过模拟真实情境的方式，让学生参与到实践中，并学习解决实际问题的能力。例如，在商务类专业中，学校可以组织情景模拟活动，让学生扮演不同角色，在模拟的商务场景中进行实际操作和决策。通过情景模拟，学生能够锻炼自己的实际应用能力和创新思维能力，了解商务决策的过程，并学会在实际情况下做出合理的决策。

综上所述，实践导向的学习是一种注重学生实际操作能力和实践能力培养的教学模式，不仅能够提高学生的实际操作技能，还能够提高学生的问题解决能力和综合素质。只有通过实践导向的学习，学校才能培养出具有实际能力和创新思维的高素质技术技能人才。

（二）项目驱动的学习

项目驱动的学习是一种重视学生参与实际项目，并通过项目实践来学习的教学方法。通过项目驱动的学习，学生能够在实际项目中应用所学的知识和技能，培养解决问题的能力和团队合作精神。

1. 项目制课程

项目制课程是项目驱动学习的核心组成部分。学校可以设计课程，以项目为主线，让学生在整个学习过程中参与到实际项目中去。通过项目制课程，学生能够将课堂上学到的理论知识应用到项目中，培养实际操作能力和解决问题的能力。例如，在设计类专业中，学生可以参与到一个实际设计项目中，与实际客户合作，了解实际需求，并将所学的设计理论和技能应用到项目中去。

2. 跨学科合作

跨学科合作是项目驱动学习的重要手段。学校可以组织不同专业的学生合作参与一个项目，并从不同学科的角度共同解决问题。通过跨学科合作，学生能够了解不同学科的知识和方法，并学会合作、沟通和协调。例如，在工程项目中，可以将机械、电子、材料等专业的学生组成一个团队，共同解决一个工程问题。通过合作，学生能够相互学习和借鉴，培养解决问题的能力和创新思维。

3. 社会参与

社会参与是项目驱动学习的重要环节。学校可以与社区、企业或相关机构合作，让学生参与到实际社会项目中去。通过社会参与，学生能够了解社会需求，培养实践能力和创新思维。例如，在社区建设中，学校可以组织学生参与社区的改造和建设项目。学生可以与社区居民一起工作，了解社区的实际需求，并通过实践参与解决问题，提高实际应用能力和创新能力。

4. 项目评估和反思

项目驱动学习中的评估和反思是学生成长与进步的重要环节。学校可以通过项目的评估和反思机制，帮助学生总结经验和教训，并改进自己解决问题的方法和思路。例如，在一个设计项目中，学生可以进行项目展示和评估，与教师和同学分享自己的项目经验及成果，接受评估和建议并进行反思。通过反思，学生能够不断提高自己的实际应用能力和创新能力。

5. 实习和就业

实习和就业是项目驱动学习的重要目标之一。通过参与实习和就业活动，学生能够将所学的知识和技能应用到实际工作中，培养职业素养和实际应用能力。例如，在工科类专业中，学生可以通过参与企业的实习项目和就业活动，将所学的工程知识和技能应用到实际工程项目中，与工程师一起工作并解决问题，从而提高实际应用能力和职业素养。

综上所述，项目驱动学习是一种重视学生参与实际项目和实践的教学方法。通过项目制课程、跨学科合作、社会参与、项目评估和反思、实习和就业等手段，学校可以培养学生的实际应用能力和创新思维。项目驱动学习不仅能够提高学生的实际操作能力，还能够锻炼学生的团队合作和解决问题的能力，并培养学生的创新思维和实践能力。只有通过项目驱动学习，学校才能培养出具备实际能力和创新思维的高素质技术技能人才。

（三）社会实践与合作

社会实践与合作是一种重视学生实际行动和社会参与的教学模式。通过社会实践与合作，学生能够将所学的理论知识应用于实际问题中，培养综合素质和职业能力。

1. 社会实践项目

社会实践项目是社会实践与合作的核心组成部分。学校可以与企业、社区或相关机构合作，为学生提供社会实践的机会。通过参与社会实践项目，学生可以将所学的知识和理论应用到实际问题中，并通过实际操作和实践解决问题。例如，在人文社科类专业中，学生可以参与社会调查、实地考察等实践项目。通过与实际社会场景接触，学生能够学习到更多实际操作的技巧和经验，并且了解到社会中的实际需求和问题。

2. 社区合作

社区合作是社会实践与合作的重要方法之一。学校可以与当地社区建立合作关系，组织学生参与社区服务和社区建设项目。通过与社区居民和组织合作，学生能够了解社区的实际需求，学习解决社区问题的能力，并通过实践行动来促进社区发展和回报社会。

3. 校外合作

学校可以与企业、机构或相关行业进行合作，为学生提供校外实践和合作的机会。通过校外合作，学生可以在真实工作环境中实践所学的知识和技能，并与专业人士交流和合作。

4. 社会实践成果展示与评估

社会实践成果展示与评估是学生实践能力和成长的重要证明。学校可以组织社会实践成果展示活动，让学生展示他们在社会实践与合作中的成果和收获。通过成果展示，学生能够总结实践经验和教训，并得到评估和建议，进一步促进学生实践能力和创新思维能力的提升。

综上所述，社会实践与合作是一种注重学生实际行动和社会参与的教学模式，不仅能够提高学生的实际操作技能，还能够锻炼学生的团队合作和解决问题的能力，并培养学生的创新思维和实践能力。只有通过社会实践与合作，学校才能培养出具备实际能力和创新思维的高素质技术技能人才。

第二节 高素质技术技能人才培育的总体框架构建

高素质技术技能人才培育的总体框架构建是为了适应社会发展对高素质技术技能人才需求的要求，为学生提供全面的发展机会，培养具备实际能力和创新思维的高素质技术技能人才。在构建总体框架时，学校可以考虑以下几个方面：

一、课程设置与教学设计

课程设置与教学设计是高素质技术技能人才培育的基础。学校可以根据社会需求和行业发展的趋势，合理调整课程设置，为学生提供体系完整、结构合理、内容丰富的课程体系。课程设置应充分考虑学生的实践需求和创新能力培养，注重实践环节和案例教学，提高学生的实际操作能力和问题解决能力。例如，在信息技术类专业中，学校可以设置专门的实践课程和项目，让学生在实际操作中掌握相关技术。

（一）课程设置方面

学校应该结合社会需求和学科特点，构建科学合理的课程体系，以满足学生的综合发展需求。在课程设置中，应该考虑到专业必修课和选修课的搭配，保证学生在专业知识和技能的学习中有足够的选择与自主发展的空间；同时，还要关注学科交叉和综合能力的培养，将不同学科的知识结合起来，培养学生的跨学科能力。举个例子，对于计算机科学与技术类专业，课程可以包括计算机原理、编程语言、算法与数据结构等专业必修课，同时可以设置数据库、网络安全、人工智能等选修课，以满足学生自己的兴趣和发展方向。

（二）教学设计方面

教学设计是课程实施的重要环节，关系到学生的学习体验和专业能力的培养。在教学设计方面，学校应该注重实践环节和案例教学，以提高学生的实际操作能力和问题解决能力。

教学设计应该关注学生的实践需求和创新能力的培养。在教学设计中，学校应该鼓励学生积极参与实践，并提供相应的指导和支持。在教学过程中，学校应该鼓励学生进行创新实验和探索，提出新的想法和解决办法，并给予相应的支持和指导。通过培养学生的创新能力，可以增强学生的问题解决能力和实际操作能力，提高学生的综合竞争力。

教学设计还应该注重学生的个性发展和能力培养，尊重学生的选择和提供发展空间。学校可以根据学生的特点和需求，为学生提供个性化的学习计划和支持。个性化的教学设计可以通过小组合作、项目选择等方式实现。

课程设置与教学设计是高素质技术技能人才培育的基础工作。在课程设置方面，学校应该构建科学合理的课程体系，满足学生的综合发展需求；在教学设计方面，学校应该关注学生的实践需求和创新能力培养，注重实践环节和案例教学。通过综合运用这些方面的策略，学校能够为学生提供全面的学习体验，培养他们的实际能力和创新思维，适应社会对高素质技术技能人才的需求。

二、导师制度与指导服务

导师制度与指导服务是高素质技术技能人才培育的重要环节。学校可以建立导师制度，为学生指定专业的导师进行指导和支持。导师可以帮助学生规划学习和职业发展，并提供个性化的学术指导和职业咨询。导师制度不仅可以提高学生的学术水平和职业发展能力，还可以培养学生的独立思考能力和创新精神。导师可以与学生建立良好的师生关系，关心学生的学习和生活状况，并提供必要的帮助和指导，以促进学生的全面发展。

（一）导师制度的建立

导师制度的建立是为了确保学生能够得到求知欲与职业发展方面的最佳支持和指导。学校需要建立明确的导师制度，在学校内部广泛宣传，以便学生充分了解和参与。该制度设计应考虑到学生的实际需求，并为学生提供一个选择导师和建立联系的机会。

学校可以招募优秀教师和行业专家担任导师，并根据学生的专业方向和需求，将合适的导师分配给学生。导师招募可以通过发布导师招募公告、面试选拔等方式进行。

分配导师时，学校可以根据学生的兴趣、专业需求和导师的专业方向进行匹配。

为了提高导师的指导能力和学生的学习效果，学校可以开展导师培训与发展项目。通过培训，导师可以了解学术指导、职业咨询和学生辅导的方法与技巧，提高个人能力和专业素养。培训内容可以包括心理学知识、沟通技巧、职业咨询方法等。

（二）导师制度的工作内容

1. 个性化的学术指导

导师要在为学生提供个性化的学术指导，使他们能够更好地完成学业并发展专业技能。导师可以与学生一对一地交流，针对学生的需求和兴趣，提供个性化的学术指导和建议。导师可以帮助学生制订学习计划和进行课程选择，并提供学习策略和方法，以帮助他们更高效地学习和提高成绩。导师可以根据学生的兴趣和能力，帮助他们选择适合的研究方向和课题，并指导他们进行研究设计、实验、数据处理和论文撰写等。

2. 职业咨询与规划

导师应该关注学生的职业发展，提供职业咨询和规划方面的指导。通过与导师的交流，学生可以了解不同行业的就业趋势和需求，并获得相应的职业规划和就业指导。导师还可以与学生讨论他们的兴趣和能力，帮助他们制定职业规划和树立发展目标。通过与导师的交流，学生能够更好地了解自己的职业倾向和优势，做出更明智的职业决策。

3. 关心学生的学习和生活状况

导师应该注重建立良好的师生关系，并关心学生的学习和生活状况。

定期的导师、学生交流是导师制度中的重要环节。学校可以组织导师和学生定期开展面对面或线上交流，以加强导师与学生之间的沟通和互动。通过交流，导师可以了解学生的学习需求和困难，为他们提供个性化的指导和支持。

导师可以提供给学生温暖和关怀。导师与学生建立良好的师生关系，关心学生的学习和生活状况，并提供必要的帮助和指导。导师可以成为学生的良师益友，为学生提供情感上的支持和职业上的指导。

4. 定期评估与跟踪

建立定期评估与跟踪机制，以确保导师制度的有效性和学生的发展。定期评估与跟踪可以通过学生的反馈、学业评估和导师的绩效评估等方式实现。学校可以定期收集学生对导师制度的反馈，了解学生的需求和满意度，并相应地进行改进和调整。同时，学校还可以对导师的指导效果进行评估和跟踪，了解导师的教学质量和指导水平，并提供相应的培训和支持。

学校可以定期向学生发放导师满意度调查问卷，了解学生对导师的满意度和意见，并根据学生的反馈进行改进和调整。此外，学校还可以建立导师教学的绩效评估体系，通过观察课堂教学、听取学生的意见和评估学生的学术成果等方式，对导师的教学质量和指导水平进行评估与跟踪。通过这种定期评估与跟踪，学校可以不断改进导师制度，提高学生的学习效果和专业能力的培养水平。

总之，导师制度与指导服务在高素质技术技能人才培养中发挥着不可替代的作用。学校应该建立明确的导师制度，为学生提供个性化的学术指导和职业咨询与规划，并关心学生的学习和生活状况。通过这种导师制度的建立，学校能够帮助学生更好地规划学习和职业发展，培养他们的专业能力和综合素质，以应对社会对高素质技术技能人才的需求。

三、实践教学与校外合作

实践教学与校外合作是高素质技术技能人才培养中至关重要的部分。通过实践教学与校外合作，学生能够将所学的理论知识应用于实际问题中，并与行业专业人士进行交流和合作，提高实际操作能力和解决问题的能力。

（一）实践教学的重要性

实践教学是培养高素质技术技能人才的重要途径之一。通过实践教学，学生能够在真实工作环境中运用所学的知识和技能，培养实际操作能力和解决问题的能力。实践教学可以包括实验、实习、项目等形式。学校应该注重实践环节的设置，使学生在实践中逐步掌握专业知识和技能。

（二）校外合作的重要性

校外合作可以为学生提供更广阔的实践机会和与行业专业人士的交流合作机会。学校应该积极与企业、机构或相关行业建立合作关系，为学生提供校外实践和合作的机会。校外合作可以有助于学生更好地了解行业的发展趋势和需求，并将所学的理论知识与实际应用相结合。

（三）实践项目的设计与开展

实践项目是实践教学和校外合作的重要组成部分。通过实践项目的设计与开展，学生能够在实际问题中运用所学的知识和技能，提高解决问题的能力和创新能力。学校应该注重实践项目的设置，使学生能够在项目中探索和实践，培养独立思考和协作的能力。

（四）行业实践与专业导师指导

行业实践与专业导师指导是实践教学和校外合作中的重要环节。学校可以与行业内的专业人士进行合作，为学生提供实践机会和经验分享机会。行业实践可通过企业的实践项目、专业技术交流会议、行业参观等形式进行。学生可以与行业中的专业人士进行面对面的交流和合作，学习他们的经验和技巧，并了解他们在实际工作中遇到的问题及其解决方案。

专业导师指导是在行业实践中与学生一对一的互动指导。导师可以帮助学生制订实践计划和树立目标，并提供指导和建议，以确保学生能够获得最好的学习效果和实践经验。导师还可以帮助学生分析实践结果和问题，并提供解决方案和改进意见。通过行业实践与专业导师指导，学生能够更好地了解行业需求和专业发展方向，提高实践操作能力和解决实际问题的能力。

综上所述，实践教学与校外合作是培养高素质技术技能人才的重要环节。学校应该注重实践教学与校外合作的设计和开展，为学生提供充分的

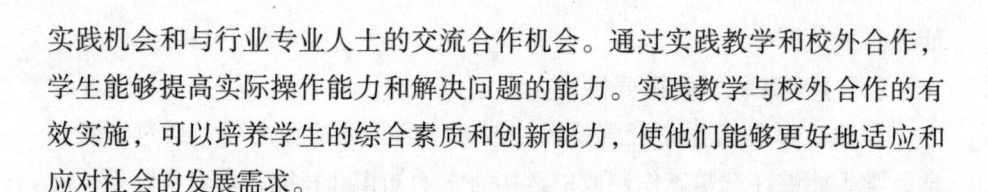

实践机会和与行业专业人士的交流合作机会。通过实践教学和校外合作，学生能够提高实际操作能力和解决问题的能力。实践教学与校外合作的有效实施，可以培养学生的综合素质和创新能力，使他们能够更好地适应和应对社会的发展需求。

四、评价和反馈机制

评价和反馈机制是高素质技术技能人才培养中至关重要的一环。它提供了对学生学习过程和学习成果的全面评估与反馈，以帮助学生不断改进和提高学习效果与专业能力。评价和反馈机制是学校对学生学习及发展情况的监控和指导，为学生提供了成长和进步的机会。

评价和反馈机制应该全面、客观、公正、及时。通过评价和反馈机制，学校能够了解学生的学习情况，为学生提供及时的指导和支持，并激励学生积极投入学习。评价和反馈机制还可以促进师生之间的有效沟通和良好师生关系的建立，建立学生自我评价和自我调整的机制。

评价和反馈机制的设计应考虑到课程设置和教学目标。学校应该制定明确的评价标准和指标，并与学生进行充分的沟通。评价和反馈机制应该以学生为中心，注重发展性评价和个性化反馈，鼓励学生发挥潜力并提高自我认知。

（一）多元评价

多元评价是评价和反馈机制中的重要手段之一。学校可以通过多样的评价方式和工具，综合评估学生的学习成果和能力发展。多元评价可以包括考试、作业、项目、实验、口头报告、作品展示等形式。通过多元评价，学校可以更全面地了解学生的学习状况和能力水平，发现学生的潜能和问题，并有针对性地提供指导和支持。

（二）即时反馈

即时反馈是评价和反馈机制中的重要环节。学校可以及时给予学生有关学习成果和表现的反馈，帮助学生了解自己的学习情况和进展，并及时进行调整和改进。即时反馈包括口头或书面形式的反馈，如讲评、评语、批注等。通过即时反馈，学校可以帮助学生及时发现问题和纠正错误，鼓励学生继续努力和进步。

（三）个性化的反馈与指导

评价和反馈机制应注重个性化的反馈与指导。学校可以根据学生的个性特点、学习风格和发展需求，帮助学生了解自己的学习表现和存在的问题，提供个性化的指导和支持，并提供具体的改进意见，如树立学习目标并制订相应的学习计划，提供有针对性的学习建议和方法。个性化指导可以通过一对一辅导、小组讨论、个人学习计划等方式实现。个性化的反馈与指导应关注学生的优势和需求，激发学生学习的动力和自信心。

（四）持续性的评价与反馈

评价和反馈机制应具有持续性，以帮助学生不断了解和提升自身的学习情况与专业能力。持续性的评价与反馈可以通过定期的评估和跟踪来实现，以便及时了解学生的进步和问题，及时地进行调整和改进。定期评估与跟踪可以通过学生的学习档案、学习报告、学业评议等方式实现。

（五）学生参与和自我评价

评价和反馈机制应鼓励学生的积极参与和自我评价，激发学生的学习动力和提高自主学习能力。学生参与和自我评价可以增强学生学习的主动性与自我认知，发现问题并提出改进措施。自我评价与互评可以通过学生的自我评分、小组评价和班级评选等方式实现。

（六）鼓励探究与创新

评价和反馈机制应该鼓励学生的探究与创新精神。学校可以通过评价和反馈机制，鼓励学生积极探索与尝试新的学习方法和思维方式，并提供相应的支持和鼓励。通过评价和反馈机制的引导，学生可以发展自主学习和创新思维的能力，培养解决问题和独立思考的能力。

综上所述，评价和反馈机制是培养高素质技术技能人才不可或缺的一环。学校应注重评价和反馈机制的设计，采用多元化的评价方法，提供个性化的反馈与指导，并进行持续性的评价与反馈。通过评价和反馈机制，学校能够了解学生的学习情况和能力发展，并提供相关的指导和支持，帮助学生不断进步和成长。评价和反馈机制还能够促进师生之间的有效沟通和良好师生关系的建立，建立学生自我评价和自我调整的机制，为学生的自主学习和专业发展提供有力支持。

五、综合素养培养与职业发展

综合素养培养与职业发展是高素质技术技能人才培养的重要目标之一。综合素养培养旨在培养学生的人文素养、创新能力、团队合作和领导力等综合能力，使其具备更好的适应能力和发展潜力。职业发展则旨在帮助学生实现个人职业目标，适应和应对不断变化的职场需求。

（一）综合素养培养的重要性

综合素养培养是培养高素质技术技能人才的重要环节。在当今社会，除了专业知识和技能，综合素质也是评价一个人的能力和潜力的重要标准。综合素质包括人文素养、创新能力、团队合作和领导力等方面的能力。学校应注重综合素养培养，提供丰富多样的教育和培训机会，使学生能够全面发展，并具备全面提升的能力和素质。

（二）个性化的综合素养培养

综合素养培养应注重个性化发展，根据学生的兴趣、特长和发展需求，提供个性化的培养计划和指导。个性化的综合素养培养鼓励学生发掘和发展个人的潜力与特长，激发他们的学习动力和创造力，为个人职业发展打下坚实基础。

（三）个性化的职业发展规划

职业发展是高素质技术技能人才培养的重要目标之一。个性化的职业发展规划可以帮助学生实现自己的职业目标，并适时调整和更新职业规划。学校应该为学生提供职业指导和咨询服务，帮助他们了解不同行业的就业前景和要求，并根据学生的兴趣、能力和目标制定个性化的职业发展规划。

（四）综合素质与职业发展的结合

综合素质与职业发展是相辅相成的，二者相互促进和影响。学校应注重将综合素养培养与职业发展有机结合，使学生通过综合素质的培养更好地适应职业发展的需求。

学校应注重个性化的综合素养培养和职业发展规划，提供丰富多样的教育和培训机会，使学生能够全面发展，并具备全面提升的能力和素质。通过综合素养培养与职业发展的有机结合，学生能够更好地应对职场的挑战和机遇，提高个人的综合素质和职业竞争力。

　　高素质技术技能人才培育的总体框架构建是为了培养具备实际能力和创新思维的高素质技术技能人才。在构建总体框架时，学校可以考虑课程设置与教学设计、导师制度与指导服务、实践教学与校外合作、评价和反馈机制以及综合素养培养与职业发展等方面，并通过多种方式和措施，促进学生的全面发展和能力提升。只有通过总体框架的构建，学校才能培养出具备实际能力和创新思维的高素质技术技能人才，适应社会发展的需求。

第三节　高素质技术技能人才培育的教师队伍建设

　　教师队伍建设是高素质技术技能人才培养的关键环节之一。优秀的教师队伍对于培养高素质技术技能人才至关重要，他们不仅需要具备扎实的学科知识和专业能力，还需要具备良好的教育教学能力和指导能力。

一、提高教师的学科知识与技能水平

　　提高教师的学科知识与技能水平是教师队伍建设的首要任务。教师作为知识的传递者和引导者，需要具备深厚的学科知识和专业技能，能够准确把握学科的前沿发展和应用场景。优秀教师应该具备扎实的学科知识和专业技能，能够准确把握学科的前沿发展和应用场景，为学生提供高质量的教育教学。学校应该注重教师的学科学习和继续教育，提供学科研究和创新的机会与平台。

　　（一）学科知识的深入学习

　　教师需要深入学习自己教授的学科知识，并不断拓展自己的知识面。只有深入学习，教师才能在教学中掌握全面准确的知识，并有能力解答学生提出的问题。

　　（二）专业能力的提升

　　提高专业能力是成为优秀教师的关键之一。除了具备学科知识外，教师还需要具备教学技能和组织能力，能够有效地传授知识、激发学生的学

习兴趣，使学生能够充分发挥自己的潜力。

（三）实践与应用能力的培养

提高教师的实践与应用能力是教师队伍建设的重要方面。实践与应用能力是将学科知识和技能应用于实际工作中的关键，教师需要具备丰富的实际经验和解决问题的能力。

（四）专业交流与合作

教师应该积极参与学科领域的交流与合作，与其他同行进行知识分享，从而获得更多的学科见解和新的教学方法。通过专业交流与合作，教师能够与其他同行一起思考和解决教学中的难题，共同提高教学质量。

综上所述，提高教师的学科知识与技能水平对于优秀教师队伍的构建至关重要。通过深入学习学科知识、提升专业能力、培养实践与应用能力以及参与专业交流与合作，教师能够不断提高自己的学科水平和教学质量，为学生提供更好的教育教学。同时，学校应该加强对教师的培训和支持，提供学科研究和创新的机会与平台，促进教师队伍的全面发展。

二、强化教育教学能力与指导能力

强化教育教学能力与指导能力是教师队伍建设的重要任务。优秀教师不仅要具备丰富的学科知识和技能，还要具备良好的教育教学能力和指导能力，能够有效地培养创新能力和提升综合素质。

针对教育教学能力，学校应该注重教师的教学培训和教学创新。教师需要学习和掌握有效的教学方法与教学技巧，关注学生的学习水平差异和个体发展，灵活运用不同的教学策略和评价方式。学校可以组织教师培训和研讨会，邀请教育专家和教育学者进行指导与交流，开展教师教学观摩和互助提升活动。教师还可以通过教育技术的运用，如在线课程、多媒体教学和虚拟实验等，提高教学效果并吸引学生的注意力。

针对指导能力，学校应该注重教师的指导培训和指导实践。教师需要了解和应用有效的指导方法与工具，能够帮助学生分析问题、树立目标、解决困惑，并提供反馈和引导。学校可以组织教师参加培训和实践，提供指导案例和进行经验分享，帮助教师掌握有效的指导技能和沟通技巧。教师还可以通过对学生实践项目的指导，如科研项目、创新设计和社会实践等，提高指导能力和丰富实践经验。

（一）教育教学能力的提升

1. 教学方法的掌握和运用

优秀的教师应该了解和掌握多种教学方法，并能够根据教学目标和学生特点灵活运用。他们能够运用讲授、讨论、展示、案例分析等多种教学方法，使学生更加主动地参与讨论和深入理解学科内容。

2. 差异化的教学

优秀教师应该能够充分了解学生的学习特点和差异，并能够根据不同学生的需求和能力开展差异化教学。他们能够根据学生的学习风格和兴趣，调整教学内容和教学方式，提供个性化的学习支持。

3. 评估和反馈的能力

优秀教师应该能够进行有效的学生评估和反馈，对学生的学习情况进行及时监测和评价，并能够给予有针对性的指导和建议。他们能够根据学生的学习表现和反馈结果，调整教学策略和教学目标，不断提高教学效果。

（二）指导能力的培养

1. 学生发展目标的指导

优秀教师应该能够帮助学生设定明确的学习目标，并指导他们制订相应的学习计划和行动步骤。他们能够与学生进行面对面的交流和心理辅导，帮助学生认识自己的优势和不足，理解自己的兴趣和职业发展方向。

2. 学习策略和问题解决能力的培养

优秀教师应该能够培养学生的学习策略和问题解决能力，使他们具备独立学习和自主思考的能力。他们能够引导学生分析问题、梳理思路，培养学生的创新思维和解决问题的能力。

综上所述，强化教育教学能力与指导能力对于优秀教师队伍的构建至关重要。教师应该提升自己的教育教学能力，充分理解学生的差异化需求，进行有效的评估和反馈。此外，教师还应该培养自身的指导能力，助力学生设定明确的学习目标，培养学生的学习策略和问题解决能力，引导他们发展良好的人际关系和协作能力。学校应该加强教师的培训和支持，提供丰富的专业发展机会和资源，促进教师队伍的全面发展。

三、营造良好的教育教学环境

营造良好的教育教学环境是教师队伍建设的重要保障。良好的教育教学环境可以为教师提供舒适、有序、安全的工作氛围,为学生提供愉快、积极、高效的学习氛围。通过营造良好的教育教学环境,学校能够提高教师的教育教学能力与指导能力,促进高素质技术技能人才的培养和跨学科合作。

(一)提供良好的教学设施与资源支持

营造一个良好的教育教学环境需要提供先进的教学设施和资源支持。学校应该投入资金和资源来完善教室、实验室、图书馆、多媒体设备等基础设施,为教师的教学活动提供便利和支持。

(二)教育教学质量的监测和评估

营造良好的教育教学环境需要建立有效的教育教学质量的监测和评估机制。学校应该制定科学的评估标准和指标体系,对教师的教学质量和学生的学习情况进行全面评估。

(三)教师的专业发展支持

为了营造良好的教育教学环境,学校需要给予教师专业发展的支持。学校应该组织定期的教师培训和专业研讨会,邀请专家和学者进行指导与交流,为教师提供学科研究和创新的机会与平台。

(四)鼓励交流与合作

为了营造良好的教育教学环境,学校应该鼓励教师之间的交流和合作。教师应该积极分享自己的教学经验、教学资源和教学方法,相互学习和借鉴,共同提高教育教学水平。

营造良好的教育教学环境对于教师队伍建设和高素质技术技能人才培养至关重要。学校应提供良好的教学设施和资源支持,建立教育教学质量的监测和评估机制,为教师的专业发展提供支持,鼓励教师之间的交流与合作。通过这样的努力,学校能够提升教师的教育教学能力与指导能力,营造良好的教育教学氛围,促进高素质技术技能人才的培养和跨学科合作。

第四节 高素质技术技能人才培育的教学体系构建

高素质技术技能人才培育的教学体系构建是教育领域的一项重要任务。为了适应日益发展的科技和经济转型的需求，学校需要构建一套科学合理的教学体系，培养能够适应社会发展需要的高素质技术技能人才。

一、明确培养目标和能力要求

高素质技术技能人才培育的教学体系构建需要明确具体的培养目标和能力要求。明确培养目标和能力要求可以指导教师的教学活动和学生的学习过程，使得培养的技能和素质更加具体。学校应该从国家、行业和社会发展的需求出发，明确相应的培养目标和能力要求。同时，根据不同专业和学科的特点，进一步确定相应的专业核心素养和职业技能。

（一）明确培养目标是教学体系构建的基础

培养目标是指所要培养的学生应达到的技能和素质水平。这些目标可以通过国家、行业和社会的需求来确定。在明确培养目标和能力要求的基础上，学校可以制订相应的课程教学计划和课程目标。教学计划应该根据培养目标和能力要求，合理安排相关学科和专业的课程。比如在信息技术领域，明确的培养目标包括：掌握计算机科学的基本理论和知识，具备软件开发和系统设计的能力，理解并应用相关的数学和统计知识，具备解决实际问题的能力等。针对以上目标要求，学校可以安排计算机基础、数据结构与算法、数据库系统、人工智能等课程，以满足学生培养目标和能力要求的需要。

（二）明确培养能力要求是实现培养目标的关键

能力要求是对学生具备的技能、知识和能力进行的详细描述与界定。这些能力要求可以从各个学科领域来确定。学校可以根据培养目标和能力要求，建立实验室、创客空间等实践基地，为学生提供丰富的教学资源和实践机会。比如在计算机科学领域，明确的能力要求包括：具备编程和软件开发的能力，掌握大数据分析和机器学习的技巧，具备软件测试和质量保证的能力，具备网络安全和信息保护的知识等。针对以上目标要求，学校可以提供实验室设备和软件资源，让学生进行编程实践和软件开发的训练。同时，学校还可以鼓励学生参与实际项目，与行业进行合作和交流，以提升他们解决实际问题的能力。

二、优化课程设置和资源配置

高素质技术技能人才培育的教学体系构建需要优化课程设置和资源配置。通过优化课程设置和合理配置资源，可以确保学生在学习过程中获得必要的知识和技能，提高教学的质量和效果。学校应根据培养目标和能力要求，制定相应的课程体系。课程设置应注重理论与实践的结合，注重基础知识的扎实掌握和实际应用能力的培养。此外，学校还需要合理配置资源，包括实验室设备、计算机设备、教学材料等，以支持教师的教学活动和学生的学习实践。

（一）优化课程设置

优化课程设置需要考虑培养目标和能力要求，结合专业特点和学科属性，设计合理的课程体系。课程设置应包括理论性的课程和实践性的课程，以确保学生既能够掌握必要的理论知识，又能够将所学知识应用到实际工作中。

下面以计算机专业为例，优化课程设置可能包括以下几个方面：

1. 基础理论课程

编程基础、数据结构与算法、计算机组成原理等。这些课程能够帮助学生掌握计算机科学的基本理论和知识，打下扎实的学科基础。

2. 专业核心课程

数据库系统、网络技术、操作系统等。这些课程是学生在专业领域中必不可少的课程，能够帮助学生掌握专业领域的核心知识和技能。

3. 实践性课程

软件工程实践、项目管理等。这些课程通过实践项目和实际案例的学习，为学生提供解决实际问题和开展实际工作的机会，使得学生能够学以致用。

（二）资源配置

资源配置是优化课程设置的重要保障。

1. 设备资源

学校应合理配置各类资源，包括教学设备、教材和教具、实践场所等。这些设备能够为教师的教学活动提供更好的支持和展示平台，也能够激发学生的学习兴趣，以满足学生的学习需求和教学的实际需要。

2. 教材与教具

学校优化教材和管理教具的选择与使用。教材应与课程目标和要求相匹配，具备权威性和可操作性。教具可以采用多种形式和媒介，如模型、计算机软件等，以增强学生的实践能力和兴趣。

3. 实践场所

学校可以与相关企业和机构合作，提供学生实践的机会，如实习、实践项目等，能够让学生接触真实的工作环境和工作问题，提高他们的实际操作能力和解决问题的能力。同时，学校还可以积极争取各类教育资源和项目资金的支持，如科研项目、实践基地建设等。这些资源的引进和配置，将为学生的综合素养培养提供更多的机会和平台。

优化课程设置和资源配置是构建高素质技术技能人才培育的教学体系的重要环节。通过明确培养目标提高教学的质量和效果，合理配置各类资源以满足学生的学习需求和教学的实际需要。此外，在选择课程内容、教材和教具时，需要与相关机构和企业合作，并积极争取各类教育资源和项目资金的支持。通过这样的努力，学校将能够更好地支持学生的学习过程，提高他们的技术技能和综合素质。

三、引导学生参与项目实践与实习

引导学生参与项目实践与实习是构建高素质技术技能人才培育的教学体系的关键环节。项目实践与实习是学生将所学理论知识应用到实际工作中的重要方式。通过参与项目实践与实习，学生可以将所学知识应用到实际工作中，提高解决问题的能力和实际工作能力。

为了有效引导学生参与项目实践与实习，学校可以采取以下措施：

（一）与企业和机构合作开展项目实践

与企业和机构合作开展项目实践是高素质技术技能人才培养的重要途径之一。学校可以与相关的企业和机构合作，开展一些实践项目，让学生有机会接触实际工作环境和问题，帮助学生将所学知识与实际工作紧密结合，并运用所学知识和技能。

在与企业和机构合作开展项目实践时，学校需要做好以下几个方面的工作：

首先，建立合作伙伴关系。学校可以与一些具有业界声誉及实力的企业和机构进行合作，双方可以签订合作协议，明确双方的权责和合作目标。例如，学校可以与当地企业联合成立职业教育学院，共同开展项目实践和技能培训。

其次，明确合作的目标和要求。学校和企业需要明确项目实践的目标与要求，明确项目的内容、时限和任务分配。这样可以明确学生的学习目标，同时也可以使企业更好地安排学生的实践工作。例如，学校与企业合作开展软件开发项目，双方可以明确项目的开发目标、功能需求和交付时间，明确学生需要完成的任务。

再次，确认实施方案和安排实践活动。学校可以与企业和机构共同制订项目实践的实施方案和具体计划，明确实践的时间、地点和流程，并安排专业教师或企业导师进行指导，确保学生能够在实践中得到有效指导和反馈。例如，针对金融专业，学校可以与银行合作开展金融风险管理项目。学生需要根据实际风险案例进行分析和评估，学校可以安排银行的风险管理专家进行指导和评估。

最后，评估和总结项目实践的效果。学校与企业可以共同对项目实践的效果进行评估和总结，以调整和改进实践活动的方案，提高实践的质量和效果。例如，学校可以通过学生的实际工作成果、反馈调查和企业的评价来评估项目实践的效果，总结出有效的实践案例和教学经验。

通过与企业和机构合作开展项目实践，学校可以为学生提供更真实和贴近职业需求的学习与实践机会。这样的合作可以加强学校与企业之间的联系和沟通，推动产学研合作，促进社会经济的发展。同时，学生也能够在实践中提高专业能力、问题解决能力和团队合作能力，为未来的职业发展打下坚实基础。

（二）举办实践竞赛和挑战赛

举办实践竞赛和挑战赛是促进学生实践能力培养的重要途径之一。相比于传统的课堂教学，竞赛活动和挑战赛更加具有挑战性和激励性。这些比赛不仅能够提供一个展示学生专业能力的平台，还能够激发学生的创新潜力，并通过挑战和竞争的形式激发他们的学习兴趣，推动学生的不断成长和进步。

1. 有助于培养学生的创新思维与解决问题的能力

实践竞赛和挑战赛通常会要求学生面对具体的问题或任务，在实践中运用所学知识和技能，寻找创新的解决方案。参赛学生需要思考和运用知识，寻找不同的解决途径，并通过实践验证其有效性。这样的过程能够培养学生的创新意识、创新能力和问题解决能力。

2. 有助于培养学生的团队合作与沟通能力。

比赛通常以团队为单位，参赛学生需要充分发挥各自的优势，密切合作，共同完成项目或挑战任务。在合作过程中，学生们需要相互协调、高效沟通，在集思广益和协同努力中取得最佳成果。这样的活动能够培养学生的团队意识和合作精神，提高他们在团队中的角色定位能力和协作能力。

举办实践竞赛和挑战赛提供了一个展示与交流的平台。在比赛中，学生有机会展示自己的实践成果和创新成果，向评委与其他参赛者展示自己的才华和能力。同时，他们还能够与其他学生交流和分享经验，从其他参赛者的优点和经验中学习，借鉴各类创新项目的成功经验。这种学术和技术交流的机会能够拓宽学生的视野，促进学术和技术方面的交流与合作。

3. 有助于培养学生的自信心与抗压能力

在比赛过程中，学生需要面对一定的压力和挑战，克服困难和解决问题，始终保持冷静和自信。比赛经历能够使学生更好地理解自己的能力和潜力，培养他们积极应对挑战和压力的心态，提高应对复杂环境和情境的能力。

举办实践竞赛和挑战赛对于学生的发展具有重要意义。通过参与这样的比赛，学生可以激发学习兴趣和动力，培养创新思维和问题解决能力，

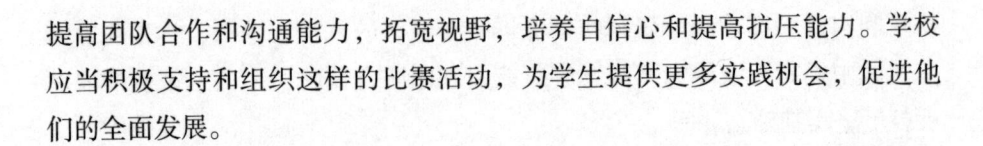

提高团队合作和沟通能力，拓宽视野，培养自信心和提高抗压能力。学校应当积极支持和组织这样的比赛活动，为学生提供更多实践机会，促进他们的全面发展。

四、实施个性化教学和指导

高素质技术技能人才培育的教学体系构建需要实施个性化教学和指导。实施个性化教学和指导是一种关注学生个体差异与需求的教学策略，强调针对学生的个性特点和学习需求，提供个别化的教学支持和指导。学校应根据学生的个体差异和学习需求，提供个性化的教学和指导。同时，教师还可以在指导学生的过程中，强调学生的自主学习和自主思考，鼓励学生主动探索和解决问题，以培养学生的创新思维和解决实际问题的能力。

（一）个性化教学的重要性

每个学生都具有兴趣、学习风格、能力和背景等方面的个体差异，因此，采用统一的教学方法和内容无法满足所有学生的需求。实施个性化教学可以更好地照顾每位学生的学习需求，充分发挥其潜力，提高学习效果。

首先，个性化教学能够激发学生的学习动机和兴趣。满足学生的个性需求，激发其学习热情，能使其更加主动地参与学习活动，从而提高学习效果。

其次，个性化教学能够帮助学生实现个人潜力的最大化。不同学生有不同的优势和潜力，个性化教学可以针对学生的特点和需求，充分发挥其潜力，提高其学业成绩和促进个人发展。

再次，个性化教学有助于学生自主学习能力的培养。自主选择学习内容和学习方法，学生能够更好地发展自己的学习能力，培养自主学习的习惯。

最后，个性化教学能够提高学生的自信心和自尊心。尊重学生的个体差异和学习需求，学生能够更好地发展自己的潜力，获得成功的体验，增强其自信心和自尊心。

（二）实施个性化教学的策略

1. 了解学生的个体差异和需求

教师可以通过多种方式了解学生，如观察学生的学习行为、与学生交流、进行学业评估等。通过这些方式所收集整理的信息，教师可以更好地了解学生的学习风格、学习兴趣、学习能力等方面的个体差异，有针对性地制订教学计划和策略。

在个性化教学中，教师可以为学生提供个别化的学习资源和活动。如对于学习进度较快的学生，教师可以提供更难的学习任务和挑战，以满足他们的学习需求；对于学习进度较慢的学生，教师可以提供更多的复习材料和辅导，帮助他们更好地理解和掌握知识内容。

2. 采用不同的教学方法和策略

根据学生的学习特点和需求，教师可以选择不同的教学方法，如小组讨论、案例分析、实地考察等。通过灵活运用不同的教学方法，教师可以更好地激发学生的学习兴趣和积极性，提高他们的学习效果。

3. 针对学生的个体化评价和反馈

教师可以根据学生的学习表现进行个体化的评价和反馈，帮助学生了解自己的学习成果和发展方向，并提供具体的学习建议和指导。通过这样的评价和反馈，学生可以更清楚地了解自己的学习进展和需求，有针对性地调整学习策略和学习方法。

实施个性化教学和指导对于学生发展十分重要。通过了解学生的个体差异和需求，提供个别化的学习资源和活动，可以帮助学生实现个人潜力的最大化，并促进其全面发展。学校和教师应重视个性化教学的实施，倡导因材施教，为学生提供更好的学习条件和机会，促进学生的个人发展。

第五节 高素质技术技能人才培育的评价体系构建

在当今社会，高素质技术技能人才的培养对于国家经济的发展和社会进步至关重要。为了推动高素质技术技能人才的培育工作，需要构建一个合理、有效的评价体系来评估学生的技能水平和综合素质，为培养高水平的技术创新人才提供科学和有效的依据。

评价体系的构建应当注重以下几个方面：

一、注重建立以能力为核心的评价体系

建立以能力为核心的评价体系是高素质技术技能人才培育工作中的重要一环。高素质技术技能人才应当具备丰富的实际操作能力和卓越的解决问题能力，因而评价体系应该更加关注学生的实际操作能力和创新能力的培养。评价方式可以包括实践项目的实施与评估、实验报告的撰写与评价、综合实训的考核等，以真实的实践活动为依据，全面评估学生的能力水平。

（一）关注的对象

在以能力为核心的评价体系中，学生的能力表现和实践能力是主要关注的对象。评价依据不再仅仅是书本知识的掌握，更加注重学生在实际操作和应用中展现的能力。因此，评价体系应该包括学生的实践项目的实施与评估、实验报告的撰写与评价、综合实训的考核等方面的内容。

（二）评估方式

能力评价体系通过侧重于学生的实际操作能力和技能水平来评估学生的能力。例如，在机械制造领域，评价者可以考查学生在机械加工实验中的操作技能和质量控制能力。评价者可以通过对学生实际加工件的质量、加工过程中的操作规范与技巧等方面进行评估，来判断学生的实际操作能力和技能水平。

（三）注重创新能力和解决问题能力的培养

以能力为核心的评价体系应注重学生创新能力的培养。创新能力是当今社会对高素质技术技能人才的重要要求之一。评价体系可以依据学生在科技创新、学术交流等方面的参与度和贡献来评估学生的创新能力。

以能力为核心的评价体系还应注重学生解决问题能力的培养。解决问题能力是高素质技术技能人才在工作中必备的重要能力之一。评价体系可以通过案例分析和问题解决的方式来评估学生的解决问题能力。

建立以能力为核心的评价体系，应该侧重于学生的实践能力和创新能力的培养，通过实践项目的实施与评估、实验报告的撰写与评价、综合实训的考核等方式来评估学生的能力表现，从而可以更加全面而准确地评估学生的能力水平，并为培养高水平的技术创新人才提供科学和有效的依据。

二、评价体系的构建应当注重全面评价学生的综合素质

评价体系应当注重全面评价学生的综合素质,这是高素质技术技能人才培养工作中的重要一环。高素质技术技能人才不仅要具备专业的技能,还要具备良好的人文素养、创新意识和团队合作能力。因此,评价体系应当包含学生综合素质的评估,如学术评定、科技创新、学术交流等方面的成果和表现的评估,以及学科竞赛、团队合作等活动的参与度和贡献度的评估。

(一)评价体系应该包括学术评定方面的评估

学术评定是评价学生学术能力和知识水平的重要方式。学生在学术方面的表现直接反映了他们对学科知识的掌握和理解程度。可以通过考试、论文、报告等形式对学生的学术能力进行评估。此外,学术交流平台的活跃度和学术成果的质量也可以作为评价学生学术能力的参考因素。

(二)评价体系应该注重学生创新能力的评估

创新能力是高素质技术技能人才必备的素质之一。评价体系应该关注学生在科技创新、工程设计等方面的参与程度和贡献。评价者可以考查学生在项目中的独立思考、创新实践和成果展示等方面的表现来评估学生的创新能力。

(三)评价体系应该关注学生的社会责任感和团队合作精神

高素质技术技能人才应该具备良好的职业道德和社会责任感,并且能够与他人合作共事。评价体系可以通过社会实践活动、社区服务等方式来评估学生的社会责任感。同时,评价者也应该注重学生在团队合作中的表现。

(四)评价体系应该考虑学生的综合素质和个人成长

评价体系的构建应当注重全面评价学生的综合素质。全面评价学生的综合素质,更准确地了解学生的能力和潜力,能够更好地促进高素质技术技能人才的培养,满足社会对技术与创新人才的需求,推动国家经济的发展和社会的进步。另外,学生在校期间应该发展多元化的兴趣爱好和综合素质。评价体系可以考查学生在艺术、体育、文化交流等方面的参与度和表现,以促进学生的思维能力、创造力和领导力等方面的发展与提升。

三、评价体系的构建应当注重评价方式多样化

评价体系的构建应当注重多元评价的原则,这是高素质技术技能人才培养工作中的关键一环。传统的考试评价方式注重学生对书本知识的掌握和记忆,忽视了学生对技能的掌握和应用能力的培养。因此,在构建评价体系时,应该采用多种评价方法,如实践考核、案例分析、项目报告、口头报告等,以多样化方式全面评估学生的技能水平和创新能力。

（一）实践考核

实践考核是对学生在实际操作和应用中能力的评估。例如,在计算机软件开发领域,可以通过学生参与实际软件项目的表现来评估其技能水平。评价者可以考查学生在项目开发过程中的技术能力、团队协作能力、问题分析与解决能力等方面的表现。通过实践考核,可以更全面地了解学生在实际工作中的能力和潜力。

（二）案例分析

案例分析是一种模拟实际情境的评价方式,通过分析和解决实际案例,评估学生对问题的分析和解决能力。例如,在工程领域,可以给学生提供一个复杂的实际问题,要求他们分析和解决问题,以此来评估他们的能力。评价者可以考查学生的问题分析能力、逻辑推理能力和解决方案的创新性。通过案例分析,可以更准确地评估学生的解决问题能力和创新思维。

（三）项目报告

学生可以参与独立的研究项目,并撰写项目报告。评价者可以根据项目报告的质量、方法的合理性与研究成果的创新性来评估学生的研究能力和表达能力。例如,在生物医药领域,学生可以参与一个研究项目,并通过撰写研究报告来展示他们的研究能力和成果。通过项目报告的方式,可以全面评估学生的研究能力和沟通表达能力。

（四）口头报告

口头报告是对学生口头表达能力和演讲技巧的评估方式。例如,在商务领域,学生可以参与模拟商务谈判,并在面对评委团队时进行口头报告。评价者可以根据学生的陈述逻辑、语言表达和说服能力来评估他们的

交流与表达能力。通过口头报告的方式，可以更准确地评价学生的交流和表达能力。

评价体系的构建应当注重多元评价的原则。除了传统的考试评价方式，应该采用实践考核、案例分析、项目报告、口头报告等多种方式来评估学生的能力和潜力。通过多样化的评价方式，可以更全面、准确地了解学生的技能水平、解决问题能力和创新思维。这样的评价体系可以更好地促进高素质技术技能人才的培养，培养具有创新精神和综合素质的人才，为国家经济的发展和社会的进步提供有力支撑。

四、评价体系的构建应当注重动态评估的理念

评价体系的构建应当注重动态评估的理念，这是高素质技术技能人才培养工作中的重要方面。随着科技的发展和产业结构的变化，技术技能的要求也在不断更新和调整。因此，评价体系应当具有灵活性和动态性，应根据不同的行业和领域对技术技能的要求进行调整，及时更新评价标准和方法。

（一）借助行业和企业的专业认证

随着技术的不断变革和创新，各个行业和企业对于人才的要求也在不断更新。针对特定行业的专业认证可以准确评估学生对具体技术的掌握程度。

（二）建立行业和学术界的合作机制

行业和学术界的合作能帮助学校及时了解行业对技能要求的变化。通过与行业的紧密联系，学校可以及时了解行业的最新需求，从而根据需求调整评价标准和方法。通过与学术界的合作，评价体系可以更具科学性并增强可实施性，从而培养具备行业适应能力的高素质技术技能人才。

（三）借鉴国际先进的评价经验

可以借鉴和吸收国际技术技能评价的优秀做法。技术的发展具有普遍性和国际化的特点，因而国际技术技能评价的经验具有一定的参考价值。可以通过学习和借鉴国际先进的评价方法，将国际上实践过的最佳方法引入评价体系的构建中。学习和借鉴国外经验可以帮助我国构建的评价体系保持与国际接轨，并推动我国评价体系的不断创新和提升。

（四）通过建立学生反馈机制来实现动态评估的目标

学生反馈是评价体系中的一个重要参考因素。学生对学校教育和培养的评价能够及时反映教学质量的改进方向。评价体系应当设立途径和机制，鼓励学生主动参与和提供反馈意见。例如，学校可以建立学生评教和课程满意度调查等机制，通过收集学生对教学、课程和实践活动的反馈意见来改进教学质量与提高评价体系的科学性。

评价体系的构建应当注重动态评估的理念。行业和企业的专业认证、行业和学术界的合作、借鉴国际先进的评价经验以及学生反馈机制等方法都可以帮助评价体系保持与行业和技术发展的同步，实现动态评估的目标。通过动态评估的理念，评价体系能够及时了解与适应技术和行业的变化，为培养高素质技术技能人才提供科学和有效的依据。

五、评价体系的构建需要注重与行业和企业的紧密合作

与行业和企业的紧密合作可以帮助了解行业对技能要求的最新情况。随着技术的不断发展和产业结构的变化，行业对技术技能的需求也在不断调整和更新。高素质技术技能人才的培养是为了满足社会对技术与创新人才的需求，因而评价体系需要与企业和实际工作紧密结合。与行业和企业紧密合作，可以制定与实际工作紧密相关的评价标准和方法，确保评价的科学性和实用性。

（一）建立实验基地，增加学生实践和实践评估的机会

实践是培养学生技术技能的重要环节，实践评价也是评价体系中的重要组成部分。与行业和企业的紧密合作可以帮助建立实践基地，为学生提供实践和实习的场所。通过实践基地的建立，学生可以亲身参与实际项目，将学习到的知识和技能应用到实际工作中，并接受行业专业人员的实践评估。

（二）助力开展职业素养的评估

高素质技术技能人才不仅需要有扎实的技术能力，还需要具备良好的职业素养和工作能力。评价体系应当注重对学生职业素养的评估，了解他们的职业道德、沟通能力、团队合作等方面的表现。与行业和企业的紧密

合作可以开展职业素养评估。通过与行业专业人员的交流和评估，评价体系可以更加深入地了解学生的职业素养水平，并为学生提供相关领域的技能培训和发展指导。

（三）建立就业导向的评价模式

评价体系的构建需要注重与行业和企业的紧密合作。通过与行业和企业的紧密合作，可以了解就业市场的需求和趋势，有针对性地进行评估。紧密关注技术技能人才的就业情况和需求，及时调整评价标准和方法，与行业就业需求保持一致。

通过与行业和企业的紧密合作，评价体系可以及时了解行业对技能要求的变化，这样的合作可以使评价体系更加贴近实际需求和用人单位的期望，为培养高素质技术技能人才提供更加真实和有效的评价参考，促进学校与行业的紧密对接，实现人才培养与社会用人需求的有机衔接。

第五章　高素质技术技能人才培育的社会适切性研究

在当前社会经济发展和科技进步的背景下，培养高素质技术技能人才是实现可持续发展和社会进步的重要任务。然而，仅仅注重学生的专业技能和学术知识培养是不够的，还需要注重培养人才的社会适应能力。因此，本章对高素质技术技能人才培育的社会适切性进行研究，旨在探索如何更好地培养满足社会需求的人才。

第一节　高素质技术技能人才类型定位研究

在培养高素质技术技能人才的过程中，了解不同类型的人才的需求和特点，对于实施有针对性的培养方案具有重要意义。因此，本节的研究目的是对高素质技术技能人才进行类型定位，探索不同类型人才的培养路径和策略。

一、研究关注高素质技术技能人才的类型分类

对人才分类的目的是更好地了解学生的个性特点、兴趣爱好和优势，从而确定适合他们的培养方向和策略。例如，可以将高素质技术技能人才分为创新型人才、应用型人才、管理型人才等类型。创新型人才注重创新能力的培养，应用型人才注重技术应用能力的培养，管理型人才注重团队管理和决策能力的培养。通过分类确定不同类型人才的特点和需求，可以为他们提供精准的培养方案和指导。

高素质技术技能人才的类型分类是高素质技术技能人才培养中的重要

内容。高素质技术技能人才的分类可以从多个维度进行，下面将介绍几种常见的分类方法。

（一）根据学生的兴趣和技能倾向进行分类

根据学生的兴趣和技能倾向进行分类，是高素质技术技能人才培养中的重要内容。学生的兴趣与技能倾向是他们天生或发展出来的特点，通过兴趣和技能的结合，可以更好地发挥学生的优势，培养他们在特定领域中的专业能力。

1. 根据学生的兴趣进行分类

不同的学生在兴趣和技能方面可能会存在不同的倾向与天赋。比如，有些学生对计算机编程感兴趣，擅长逻辑思维和程序设计；有些学生可能对机械制图感兴趣，擅长绘图和设计；有些学生对科学技术领域充满好奇，热衷于探索事物的原理和规律；有些学生对艺术和设计领域感兴趣，擅长发挥其想象力进行创作。因此，可以根据学生的兴趣进行分类，如将高素质技术技能人才分为科学类人才和艺术类人才两大类。

科学类人才的培养注重学生对科学技术领域的深入了解和研究。这类学生善于观察、实验和分析，具备较强的逻辑思维和解决问题的能力。他们可以通过参与科学研究、实验设计等活动，培养科学思维和实践能力。例如，学校可以开设科学研究或实验设计的课程，让学生参与到科学项目中，并进行自主探索和实践，提高他们对科学领域的兴趣和能力。

艺术类人才的培养注重学生在艺术和设计领域的创造力与表现力。这类学生具备较强的审美意识、想象力和创造力，喜欢通过艺术作品来表达自己的思想和情感。他们可以通过参与艺术创作、设计活动等培养艺术技能和创造力。例如，学校可以开设绘画、音乐、舞蹈等艺术类课程，让学生展示自己的艺术才华和创造力，培养他们在艺术领域的技能。

2. 根据学生的技能倾向进行分类

除了兴趣外，学生的技能倾向也是进行分类的重要依据。技能倾向是指学生在特定技能方面具备较强的天赋或潜力。不同学生在技能倾向方面也可能存在差异。有些学生可能擅长计算和逻辑推理，具备较强的数学计算和工程设计能力；有些学生可能更擅长语言表达和沟通，具备较强的语言表达和人际交往能力。因此，可以根据学生的技能倾向进行分类，如将高素质技术技能人才分为理工类人才和文科类人才两大类。

理工类人才的培养注重学生在数理科学和工程技术方面能力的培养。这类学生擅长分析和解决问题，具备较强的科学与技术探究能力。学校可以通过数学建模、机器人竞赛等活动，培养其数学和工程方面的技能与创新能力。例如，开设科学竞赛或机器人编程的课程，让学生参与实际项目，锻炼他们的科学思维能力和团队合作能力。

文科类人才的培养注重学生在语言、文化和社会科学方面能力的培养。这类学生善于观察、思考和理解人文领域的问题，具备较强的语言表达和沟通能力。学校可以通过参与辩论赛、文学创作等活动，培养其语言和人文方面的能力与创造力。例如，开设辩论或写作的课程，让学生展示自己的语言才能和文化理解能力，提高他们在文科领域的兴趣和能力。

根据学生的兴趣和技能倾向进行分类，可以更好地发掘和培养学生的潜质与优势。学校可以利用分类信息制订有针对性的培养计划和策略，提供多样化的学习机会和资源。这样可以更好地满足学生的需求，发展他们的潜力，为未来的职业发展打下坚实基础。

（二）根据人才在创新能力和应用能力方面的特点进行分类

人才的创新能力和应用能力在高素质技术技能人才的培养中起到关键作用。根据人才在创新能力和应用能力方面的特点进行分类，是高素质技术技能人才培养中的一种重要方法。不同学生在创新和应用方面可能有不同的倾向与潜力。有些学生天生具备较强的创新能力，善于从问题中发现机会并提出创新的解决方案；而有些学生则更擅长将已有的知识和技能应用到实践工作中，注重实际问题的解决。

1. 根据人才在创新能力方面的特点进行分类

创新能力是指人才在寻找和解决新问题、提出新方法和新理念、创造新价值和新成果方面的能力。有些学生具备较强的创新意识和创造力，善于思考和发现问题，并能提出独特的解决方案。这类人才在面对新的挑战与未知领域时更加自信和积极。因此，可以将高素质技术技能人才分为创新型人才和非创新型人才两大类。

对于创新型人才应注重培养其创新思维和实践能力。他们需要接触多样化的学科和领域，才能激发他们的创新灵感和想象力。学校可以通过提供丰富的创新课程和项目，培养学生的创新思维，提高学生解决问题的能力。

对于非创新型人才则应注重在应用方面的能力培养。虽然他们在创新方面的天赋可能相对较低，但他们擅长将已有的知识和技能应用到实际问题中，注重实际问题的解决和技术的应用。学校可以开设应用课程和实践项目，为学生提供掌握实践技能和解决实际问题的机会

2. 根据人才在应用能力方面的特点进行分类

应用能力是指人才将所学知识和技能应用到实际问题解决中的能力。有些学生善于将所学知识和技能与实践紧密结合，能够迅速有效地解决实际问题；而有些学生可能更注重对理论知识的掌握，对处理实践问题较为生疏。因此，可以根据学生在应用能力方面的特点进行分类，如将高素质技术技能人才分为应用型人才和理论型人才两大类。

对于应用型人才，需要注重实践能力的培养。需要通过实践项目和实际案例的学习，锻炼其解决实际问题的能力。学校可以提供实践机会和实习机会，让学生将所学知识和技能应用到实践与工作中。例如，与企业合作开展实习实训计划，让学生在真实的工作环境中运用所学知识和技能，提高他们的实际操作能力和问题解决能力。

对于理论型人才，需要注重对知识的扎实掌握。他们需要建立坚实的理论基础，对所学知识进行系统的整合和深入的理解。学校可以开设专业课程和理论研究项目，为学生提供充足的时间和资源来学习理论知识。例如，开设理论研究方法、学术论文写作等课程，培养学生批判性思维和理论分析能力。同时，学校还可以鼓励学生参与科学研究项目，深入探索学科的前沿和进行创新。

根据人才在创新能力和应用能力方面的特点进行分类，可以更好地了解学生的需求和优势，并提供有针对性的培养方向和策略。学校可以根据分类制订相应的培养计划和进行课程设置，提供给学生个性化的培养方案。同时，注重学生的实践能力和理论基础的培养，可以培养出更加全面和适应社会需求的高素质技术技能人才。

（三）根据人才在管理和领导方面的潜力进行分类

除了技能的专业性，领导和管理能力也是至关重要的。高素质技术技能人才可以根据其在管理和领导方面的潜力进行分类。不同学生在这方面

可能具备不同的天赋和潜力。有些学生具备较强的组织协调能力和团队领导能力,适合从事管理和领导岗位;有些学生则更适合从事技术实践或者专业工作。因此,可以将高素质技术技能人才分为管理型人才和专业型人才两大类。

1. 管理型人才

管理型人才具备较强的组织协调能力和团队领导能力。他们擅长管理资源、制订计划和组织协调工作,能够有效推动项目的实施和团队的发展。这类人才具备优秀的沟通能力和解决问题的能力,能够带领团队实现共同目标。

在管理型人才的培养中,学校可以开设管理课程和团队项目,通过团队项目和实践活动,让学生了解团队协作流程和工作流程,培养学生的组织协调能力和领导能力,提高组织协调能力和决策制定能力,使其能够进行项目管理和决策制定。

2. 专业型人才

专业型人才在技术领域的专业能力和实践经验方面更加突出,注重在专业领域中的发展和创新。在技术方面的能力和造诣使他们更适合从事专业工作与技术实践,而不是团队管理和领导。优秀的专业型人才更适合从事研发、技术咨询等工作,而团队的管理和领导职位应交给具备相关能力的管理型人才。

专业型人才的培养需要注重专业知识和实践能力的培养。学校可以设置专业实践课程和组织实验室活动,让学生深入理解专业知识和掌握实践能力。例如,开设实验室实践、专业技术讲座等活动,让学生参与具体项目和实践,提高他们在专业领域的能力和水平。

由此可以看出,根据人才在管理和领导方面的潜力进行分类,有助于学校更好地发现和培养学生的潜力与优势。对于擅长管理和领导的学生,学校可以提供相关培养机会和课程,培养其团队协作和领导能力;而对于更注重技术实践的学生,学校可以注重对其进行专业知识和实践能力的培养,为其提供专业实践项目和机会。通过这样的分类方法,学校可以提供更适应学生个性和潜能的培养方向与策略。

然而,人才的发展是一个不断变化和进化的过程。学生在学习和实践中可能会逐渐发现自己的潜力与兴趣的转变。因此，学校在进行人才分类和培养的过程中，需要灵活调整个性化发展计划。通过灵活的评估和跟踪，学校可以更好地了解学生的兴趣和发展需求，并为其提供更全面和个性化的培养方案。

除了以上分类方法，高素质技术技能人才的类型分类还可以根据行业需求、学生的背景差异等进行。不同学校和不同项目可能会有自己的分类方法与侧重点。因此，在进行类型分类时，学校应该充分考虑学生的实际情况和特点，并结合职业需求和发展趋势进行分类。通过分类理解和满足学生的需求，可以培养出更加适合社会和职业发展的高素质技术技能人才。

二、研究关注不同类型人才的培养路径和策略

（一）知识和技能上的培养差异

不同类型的高素质技术技能人才，在知识和技能的培养上可能存在一定差异。因此，学校可以根据不同类型人才的需求与特点制定相应的培养路径和策略。如在创新型人才的培养中，学校可以提供丰富的创新活动和项目，包括科学研究、实验设计等，培养他们的创新思维和实践能力；在管理型人才的培养中，学校应注重团队合作能力和领导力的培养，提供实践和管理团队项目等机会，培养学生的管理能力和组织协调能力。

（二）兴趣、技能倾向、创新能力、管理和领导能力的培养差异

不同类型的人才，他们在兴趣、技能倾向、创新能力、管理和领导能力方面可能存在差异。因此，在培养过程中需要灵活调整与制定有针对性的培养路径和策略。

1. 兴趣和技能倾向不同的培养差异

针对兴趣和技能倾向不同的人才，研究将关注培养路径和策略的个性化与多样化。有些人才可能对科学和技术领域充满好奇，擅长分析和解决问题；有些人才可能对艺术和设计领域有着浓厚的兴趣，注重创造力和表达能力。针对这些不同的兴趣和技能倾向，研究将着重为不同类型的人才提供个性化的学习机会和资源。例如，学校可以开设不同的课程和项目，分别满足科学类人才和艺术类人才的需求。通过个性化的培养路径，可以

更好地发掘和培养不同类型人才的潜力与特长。

2. 创新能力不同的培养差异

研究将关注根据人才创新能力的不同进行培养路径和策略的制定。一些人才具备较强的创新意识和创造力，擅长发现和解决新问题；另一些人才可能更注重应用能力，对已有知识和技能的应用更加熟练。针对这些不同的创新能力，研究将着眼于培养路径和策略的差异化。例如，对于创新型人才，研究可以探索激发创新意识和培养创新思维的方法，如创新项目和创业实践；对于应用型人才，研究可以探索提供实践机会和应用项目的方式，让他们更好地将已有知识和技能应用到实际问题中。

3. 管理与领导潜力不同的培养差异

研究将关注根据管理与领导潜力的不同进行培养路径和策略的制定。一些人才具备出色的管理能力和团队领导能力，擅长协调资源和推动项目实施；另一些人才在技术专业上更突出，更适合从事具体的技术工作和研发。针对这些不同的管理和领导潜力，研究将着重于制定不同的培养路径和策略。例如，对于具备管理潜力的人才，研究可以探索如何提供相关管理课程和团队实践项目，培养他们的团队协作和领导能力；对于专业型人才，研究可以探索如何提供具体的专业知识和实践项目，使他们更好地在专业领域发展和创新。

通过对不同类型人才的培养路径和策略进行研究，可以更好地满足学生的需求和激发其发展潜力，发掘和培养不同类型人才的潜力与优势。这将有助于学校提供个性化的学习机会和资源，为学生提供更具针对性的学习路径和职业发展支持。同时，研究还可以关注培养路径和策略的灵活性与变化性，以适应学生发展过程中兴趣和能力的变化。

三、研究关注不同类型人才的评价体系和就业方向

不同类型人才的评价体系和就业方向一直是人力资源领域的研究热点之一。由于不同人才在兴趣、技能、创新能力以及管理和领导潜力等方面存在差异，因此，为了更好地评价和培养不同类型的人才，需要建立相应的评价体系，并为他们指导合适的就业方向。学校可以根据人才类型的需

求和评价标准，制定不同的评价体系和考核标准，全面评估学生的综合能力和潜力。同时，学校还应与行业和企业紧密合作，了解行业对不同类型人才的需求，并与用人单位合作，提供就业指导和岗位对接服务，为不同类型人才的就业提供支持和指导。

（一）评价体系应该根据不同类型人才的特点进行设计

评价体系包含能够全面评价不同类型人才的指标和方法。例如，对于擅长在科学和技术领域工作的人才，评价指标包括专业知识水平、创新能力、实践经验等；而对于擅长在艺术和设计领域工作的人才，评价指标包括艺术造诣、创造力、表达能力等。通过针对不同类型人才的评价指标，可以更准确地评估他们的能力和潜力。

（二）评价体系应该注重多元化和综合性

人才评价不应仅仅局限于学术成绩或单一的能力评估，而应该全面考虑个人的多个维度，如评价体系包括学术成绩、实践经验、创新能力、团队合作能力等多个方面。通过这种多元化的评价方式可以更全面地了解和评估不同类型人才的实际能力与潜力。

（三）评价体系的设计需要考虑与就业方向的对接

根据不同类型人才的评价结果可以为他们提供相应的就业方向指导。例如，对于擅长在科学和技术领域工作的人才，可以提供与科研、技术开发等相关的职业选择；而对于擅长在艺术和设计领域工作的人才，可以提供与创意设计、艺术指导等相关的职业方向。评价指标与就业方向的对接是评价体系的一个重要方面，有助于为不同类型人才提供有针对性的就业发展支持。

除了评价体系，还需要为不同类型人才提供相应的就业指导和资源。学校可以开设职业规划及就业指导课程，帮助学生了解不同领域的就业机会，并提供相关的就业资源和实习机会。此外，学校还可以与各类企业合作，搭建实践平台，让不同类型的学生有机会接触真实的工作环境，提高学生的就业能力和适应能力。

应该注意的是，评价体系和就业方向不是一成不变的，而是需要与时俱进并适应社会发展变化的。例如，随着科技的不断进步，对于科学和技术方面的人才，可能需要不断更新评价标准，以适应新兴技术的发展要求。同样的，就业市场的需求也在不断变化。因此，就业方向的指导也需要根据社会和行业的变化进行调整。

综上所述，不同类型人才的评价体系和就业方向是人力资源领域的重要研究方向。根据不同类型人才的特点制定评价指标和方法，可以更全面和准确地评估不同类型人才的能力与潜力。同时，评价体系与就业方向的对接可以为不同类型人才提供有针对性的就业发展支持。通过评价体系和就业方向的设计，可以更好地发掘和培养不同类型人才的潜能与优势，以推动他们在职业发展中取得成功。

第二节　高素质技术技能人才本科层次培育路径研究

高素质技术技能人才本科层次培育路径研究的目标是解决高素质技术技能人才培养的上升通道和社会认可度问题，推进职业本科的路径研究。在当前职业教育发展的时代背景下，职业本科的推进已经成为教育领域亟待解决的问题。

一、职业本科在高素质技术技能人才培养中呼应时代需求

当今时代，随着全球经济的发展和产业结构的变革，科技和技能的快速更新与变革是不可忽视的趋势。新的行业和领域不断涌现，对于掌握最新技术和具备实践能力的人才需求也随之增长，对于高素质技术技能人才的培养和创新能力的需求越来越大。职业本科作为高等职业教育的重要层次，与当前的时代需求紧密相连。传统的普通本科教育注重知识的传授和理论研究，而职业本科则更注重培养学生的职业技能和实践能力，正好迎合了科技和产业的发展方向，符合现实社会对高素质技术技能人才的需求。

在职业本科中，学生可以接触到最新的技术和工具，如云计算、大数据分析、人工智能等领域相关的技术和工具，这些领域正是当今科技发展的前沿。学生不仅会学习与这些领域有关的理论知识，更重要的是能进行实际的操作和实践。当今社会，企业和雇主更加注重求职者的实践经验与

技能，而不仅仅是其拥有的学历水平。职业本科培养的学生在学习过程中会参与各种实践活动和实际项目，这些实践经验对他们未来的职业发展至关重要。通过这些实践活动，学生可以更好地了解和掌握实际工作中的技能与方法，增加他们在职场上的竞争力。

职业本科的时代呼应还表现在它更加注重学生的就业能力和职业发展。传统的普通本科教育通常将重点放在学术研究和理论知识的培养上，而职业本科则更注重学生的就业能力和职业素养的培养。这是因为职业本科教育的目标是将学生培养成能够快速适应职业环境和从事实际工作的人才。学生可以在实践中了解不同行业的需求和要求，掌握实际工作中所需的技能和知识。

此外，职业本科还注重培养学生的职业素养，如沟通能力、团队合作能力、问题解决能力等。这些能力对于学生顺利就业和职业发展至关重要，因为雇主更加看重这些软技能。在当下求职竞争激烈的社会中，职业本科为学生提供了更多就业机会和职业发展的可能性。

二、推进职业本科研究需要解决高素质技术技能人才培养的上升通道问题

解决高素质技术技能人才培养的上升通道问题，这是推动职业教育发展的重要议题。在传统模式下，技术技能人才的培养通常通过技工学校、职业技术学院等职业教育层次实现，而更高层次的教育机构通常侧重于普通本科层次的学习。然而，普通本科教育往往无法满足希望继续深造并提升自己技术水平的学生。因此，职业本科作为高等职业教育的重要衔接层次，有着解决高素质技术技能人才上升通道问题的潜力。

（一）职业本科的路径研究需要通过设立适当的课程和提供实践机会为学生铺平上升通道

首先，在课程设置方面，职业本科应注重学生在专业领域的深度和广度。比如在计算机科学专业中，可以开设针对不同方向的专业课程，如软件开发、网络安全、数据分析等。这样能够满足学生进一步深化学习和提升自己技能的需求。此外，职业本科还应重视通识课程的设置，以培养学

生的综合素质，拓宽他们的学术视野。

（二）推进职业本科的路径研究需要建立与普通本科教育的对接机制

这种对接机制能够让学生有机会顺利转入普通本科层次并继续深造。职业院校和普通高校可以建立双证方案或学分互认制度，使得职业本科毕业的学生可以逐步转入普通本科的学习。这样的机制可以让学生在继续深造的同时，保持对职业技术的熟悉感和实践能力的强化。同时，普通本科教育也可以通过增设一些针对职业本科毕业生的专业课程或项目，为他们提供深化学习和技术提升的机会。

（三）推进职业本科的路径研究需要加强高等教育机构和企业之间的合作与对接

经过职业本科的基础培养后，学生需要进一步接触实际工作环境并提升实践能力。因此，高等教育机构应与企业合作，为学生提供实习和实践机会。企业可以承接职业本科学生的实习，并为他们提供专业指导和实践培训。通过与企业的紧密合作，学生不仅可以获得实践经验，还可以更好地了解行业需求和技能要求，有助于他们在职业发展中获得上升通道。举例来说，职业本科教育中的学生参与某公司的团队项目，一方面，学生可以在实际工作中实践自己所学；另一方面，学生可以更好地了解和适应实际工作环境，为将来的职业发展打下良好基础。

（四）推进职业本科的路径研究需要加强对学生的就业指导和职业规划

伴随着职业本科层次的培养，学生需要得到相应的就业指导和职业规划支持，以确保他们能够顺利就业和更好地实现职业发展。高等教育机构可以设立专门的就业指导中心，提供职业规划指导、行业就业信息和岗位需求的介绍等服务。学校可以组织就业洽谈会等活动，为学生提供与各行各业的企业代表面对面交流的机会，促使他们顺利就业。

综上所述，推进职业本科的路径研究需要解决高素质技术技能人才培养的上升通道问题。通过适当的课程设置和实践机会，建立与普通本科教育的对接机制，加强高等教育机构与企业的合作和对接，以及提供就业指导和职业规划支持，可以为职业本科学生的上升提供更多机会和可能性。这样的研究将为推动职业教育发展和高素质技术技能人才培养做出重要贡献。

三、推进职业本科的路径研究需要解决社会对职业本科的认可度问题

解决社会对职业本科的认可度问题,这是当前职业教育发展亟待解决的一个重要问题。由于传统观念的影响和教育机构的差异,社会对职业本科的认可度相对较低。然而,现代社会对于人才的需求是多元的,大量操作性的岗位需要经验丰富、技术精湛的工匠。在德日等发达国家,技术工人的社会地位较高,较受尊重,直接促进了工匠们不断打磨自己的产品、追求精益求精。"随着我国体制机制改革的不断深入,社会主义市场经济将发挥越来越重要的作用,在生产一线真正创造社会财富的工人工匠的价值也将会逐渐凸显,工人工匠的职业威望将会不断提高。"[1]职业本科作为一种高等职业教育层次,具有其独特优势和实用性,对于高素质技术技能人才的培养有着重要意义。这就需要通过推进职业本科的路径研究,增强社会对职业本科的认可度和理解。

(一)提高职业本科的教育质量和水平可以获得社会认可度

教育质量是衡量教育水平和学位认可度的重要指标。在推进职业本科的路径研究中,应加强对职业本科课程设置和教学质量的监管与评估。教育机构可以通过招聘高素质教师、加强师资培训、完善教学设施等方式提高教学质量。同时,教育机构应注重实践教学和项目实训,使学生获得实际的职业能力和技能。通过提高教育质量,职业本科毕业生能够具备符合社会需求的职业能力,从而获得更高的社会认可度。

(二)加强职业本科与行业需求的对接,提高职业本科学生的职业竞争力

职业本科的目标是培养具备高素质技术技能和实践能力的人才,能够适应现代产业的发展。因此,推进职业本科的路径研究应重视与行业的深度合作,了解行业的需求和趋势,优化课程设置和教学内容。例如,可以与企业或行业机构合作,通过行业导师的授课或实训指导,使职业本科学

---

[1] 李宏伟,别应龙. 工匠精神的历史传承与当代培育[J]. 自然辩证法研究,2015(8):54-59.

生从实际项目中学习专业知识和实践技能。接触到真实的行业环境和实际问题，学生能更好地适应职业发展的要求，提高自己在行业中的竞争力。

（三）加强职业本科的宣传和推广，提高社会对职业本科的认可度

职业本科教育在社会中的宣传推广非常重要，需要加大对社会各界的宣传力度，让更多人了解职业本科的优势和特点。教育机构和政府可以组织职业本科教育展览、招生宣传等活动，向社会介绍职业本科的课程设置、就业情况和发展前景等信息；同时，可以邀请职业本科学生或校友参与一些社会公益活动或优秀案例的宣传，向社会展示职业本科学生的专业能力和社会责任感。通过宣传和推广，逐渐提高社会对职业本科的认可度和接受度。

（四）强校企合作，为学生提供实习和就业机会

高等教育机构可以与企业签订合作协议，为职业本科学生提供实际的工作岗位，使他们在企业中实习和实践。通过实习，学生可以获得行业经验和实际工作能力，提高自己的职业素养和专业技能。同时，企业可以通过与职业本科教育机构合作，培养符合自身需求的人才，提高企业的竞争力和创新能力。

综上所述，推进职业本科的路径研究需要解决社会对职业本科的认可度问题。通过提高职业本科的教育质量和水平、加强职业本科与行业需求的对接、加强职业本科的宣传和推广、加强校企合作等措施，可以逐步提高社会对职业本科的认可度和接受度。职业本科可以为学生提供更多的机会和可能性，使他们具备高素质技术技能和实践能力，为国家和社会的发展贡献自己的力量。

四、推进职业本科的路径研究需要多方合作和支持

职业本科的发展离不开教育机构、行业企业、政府等各方的共同努力和支持。政府可以加大对职业本科的支持力度，为学生提供奖学金、助学金和就业创业支持。教育机构可以优化职业本科课程设置，提高教学质量，培养高素质技术技能人才。企业可以加强与职业本科教育机构的合作，提供实习和就业机会，培养适应社会需求的人才。社会各界可以加

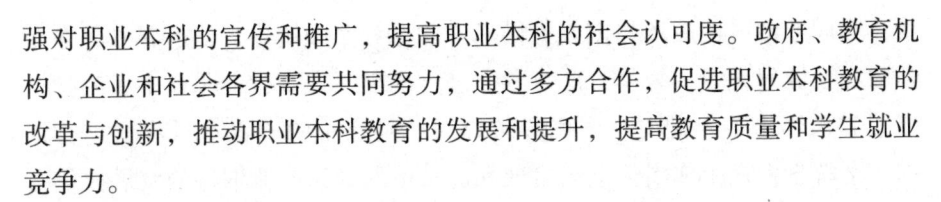

强对职业本科的宣传和推广,提高职业本科的社会认可度。政府、教育机构、企业和社会各界需要共同努力,通过多方合作,促进职业本科教育的改革与创新,推动职业本科教育的发展和提升,提高教育质量和学生就业竞争力。

(一)教育机构

教育机构应加强与行业企业的合作,建立紧密的联系与进行互动。职业本科的目标是培养符合行业需求的高素质技术技能人才,因此,与行业企业的合作是非常关键的。教育机构可以与企业签订合作协议,建立校企合作项目。通过合作项目,学生可以参与实际工作和实践,了解行业需求和工作技能要求。同时,行业企业也可以借助这些合作项目培养自己需要的人才,提高自身的创新能力和竞争力。

(二)政府

政府在推进职业本科路径研究中扮演着重要的角色,需要提供政策支持和资金保障。首先,政府可以出台相关政策,为职业本科的发展提供指导和保障,如可以设立专项基金,用于支持职业本科的课程改革、教学设施建设和师资培训等方面的需求。其次,政府可以通过税收优惠政策、奖励措施等激励机制,吸引更多企业参与对职业本科教育的合作和支持。最后,政府还可以鼓励和支持职业本科教育机构与国外院校开展教学交流和合作项目,提升职业本科教育的国际化水平。通过政府的政策支持和资金保障,可以为职业本科的发展提供有力的支持和保障。

(三)学生与家长

学生与家长的积极参与和支持是推进职业本科路径研究的重要因素。学生和家长的选择与认可对于职业本科教育的发展具有重要影响。因此,职业本科教育机构需要加强与学生和家长的沟通与交流,提供准确的信息和真实的就业情况。教育机构可以组织学生和家长参观校园、参加招生咨询会等,让他们更好地了解职业本科教育的特点和优势。学生与家长的积极参与和支持可以为职业本科教育的发展提供更大的动力。

(四)学术界

学术界的研究与评估对推进职业本科路径研究具有重要意义。学术界可以对职业本科的教学模式、就业状况、学生学习成果等进行研究和评估，为职业本科的改革与创新提供理论支撑和实践指导。学术界可以在教学内容、课程设置、教学方法等方面进行研究，探索适合职业本科的教学模式和培养路径。同时，学术界可以对已经实施的职业本科项目进行评估，了解学生在工作岗位上的表现和成长情况，为职业本科的发展提供参考与借鉴。学术界的研究与评估结果可以为职业本科教育提供更加科学的理论指导和实践经验借鉴。

综上所述，推进职业本科的路径研究需要多方合作和支持。教育机构应加强与行业企业的合作，实现校企的深度融合。政府应出台政策支持和提供资金保障，推动职业本科的发展。学生与家长的积极参与和支持将为职业本科教育的发展提供动力。学术界的研究与评估将为职业本科的改革与创新提供理论指导和实践经验借鉴。通过多方合作和支持，可以推进职业本科教育的发展，提高教育质量和学生就业竞争力，为社会培养更多高素质技术技能人才。

第三节 高素质技术技能人才服务经济社会发展研究

高素质技术技能人才的培养与发展对于经济社会的可持续发展具有重要意义。本节将通过研究高素质技术技能人才的培养路径和服务模式，探讨如何更好地满足经济社会发展对人才的需求。

一、高素质技术技能人才的培养需求

高素质技术技能人才的培养需求在当今经济社会发展中具有极其重要的地位和作用。随着科技的不断进步和经济的快速发展，高素质技术技能人才的需求越来越大。在经济社会的各个领域，如制造业、信息技术、金融、医疗等，都需要具备高水平技能和实践能力的人才来推动创新与发展。人才不仅需要具备扎实的专业知识和技能，还需要具备创新思维、团队合作能力、沟通能力等综合素质，能够适应并引领未来的发展趋势。

（一）高素质技术技能人才的培养需求体现在产业升级和转型过程中

随着科技的不断进步和行业的快速发展，传统产业面临着市场竞争的压力。为了适应产业转型的需求，需要一批具备高素质技术技能的人才能够运用新技术、新材料和新工艺来推动产业的发展。

（二）高素质技术技能人才的培养需求体现在创新型企业和科研机构的发展中

在如今的知识经济时代，创新能力是企业持续竞争的核心竞争力。为了推动科技创新和技术进步，需要大量的高素质技术技能人才参与到科研项目中。这些人才需要具备扎实的技术背景、独立解决问题的能力、创新思维和实践经验。只有通过有针对性的培养计划，让学生学习到最新的技术知识和方法，才能满足创新型企业和科研机构对于高素质技术技能人才的需求。

（三）高素质技术技能人才的培养需求体现在服务行业的发展中

随着经济的发展和人民生活水平的提高，服务行业得到了快速的发展和扩张。在服务行业中，提供高质量、高效率的服务已经成为企业衡量竞争力的重要指标之一。为了满足消费者对于个性化、精细化服务的需求，需要有一批具备专业技能和服务意识的高素质技术技能人才。

（四）高素质技术技能人才的培养需求体现在新兴领域的发展中

随着社会的进步和技术的创新，新兴领域如人工智能、生物医药、可再生能源等都呈现出蓬勃的发展势头。在这些领域中，高素质技术技能人才的培养需求非常迫切。这些人才需要具备跨学科的知识和技能，能够参与到多学科的合作中，进行创新和研究。

高素质技术技能人才的培养需求在当今经济社会发展中是不可忽视的。产业升级和转型、创新型企业和科研机构的发展、服务行业的新需求及新兴领域的发展，都需要高素质技术技能人才来推动。因此，教育机构和培训机构需要根据这些需求，制订相应的培养计划和构建培养体系，以培养出满足经济社会发展需求的高素质技术技能人才。只有满足这些需求，才能更好地推动经济社会的可持续发展，提升国家的竞争力。

二、高素质技术技能人才的培养路径和模式

为满足经济社会的需求，必须重视高素质技术技能人才的培养路径和模式。高素质技术技能人才的培养需要综合运用多种教育和培训模式，具有针对性强、灵活多样的特点，以适应不同行业和不同领域的需求，并提供全面发展的机会和资源。通过研究和借鉴国外的职业教育模式与经验、企业内部的培训机制，下面笔者结合传统技工学校、职业技术学院及职业本科等职业教育层次的培养模式，提出一些创新的培养路径和模式，以满足高素质技术技能人才培养的需求。

（一）培养路径和模式应注重理论与实践相结合

高素质技术技能人才的培养既需要强调基础理论知识的学习，又注重实际训练的机会。"人才培养不可或缺的过程，是提高大学生专业实践技能的重要手段。社会实践活动教育包括寒暑假的社会调查和服务，重要的是要与专业相结合，进行专业实践"[①]。通过将理论知识与实际操作相结合，学生可以更好地掌握技能和技术，并将其应用于实践中。比如实践操作性较强的专业教学，在开设专业理论课程的同时，学校应当配备实验室和工作室，让学生上手实践，进行实际操作。通过这样的路径和模式，学生不仅可以从理论中获取知识，还可以通过实践掌握实际工作中所需的技能和经验。

（二）培养路径和模式应强调项目式学习与学科交叉

高素质技术技能人才的培养需要注重跨学科的学习和实践，以培养学生的综合能力和跨领域的思维。通过项目式学习，学生可以在一个实际问题上进行探索和研究，涉及多个学科的知识和技能。例如，在某一跨学科的课程项目中，学生可以联合工程学、社会科学、管理学等多个学科的知识，共同解决一个实际问题或开展一项创新项目。通过这种路径和模式，学生可以全面发展各方面的能力，并培养跨学科的思维和解决问题的能力。

---

① 丁晓华，李承敬. 学生社会实践活动与专业实践技能培养［J］. 重庆科技学院学报（社会科学版），2010（02）：159—161.

(三)培养路径和模式应强调校企合作与实习实训

高素质技术技能人才的培养需要与实际工作紧密结合,校企合作和实习实训是不可或缺的。通过与企业建立合作关系,学生可以接触到真实的工作环境和工作项目,了解行业的需求和要求。在职业本科教育中,学校可以与相关行业的企业和机构合作,设立实习基地并安排学生到实习岗位上进行实习。通过实习实训,学生可以将所学知识应用于实践,更好地理解并掌握工作技能和提升职业素养。

(四)培养路径和模式应注重自主学习与创新创业能力的培养

高素质技术技能人才需要具备学习的主动性和创新的能力。因此,培养路径和模式应该鼓励学生进行自主学习与自主思考,并提供相应的支持和资源。学校可以设置一些创新创业的课程或实践项目,鼓励学生提出创新的想法和解决问题的方案。通过这种路径和模式,可以培养学生自主学习和创新创业的精神,并获得应对不断变化的技术和市场需求的能力。

高素质技术技能人才的培养路径和模式需要注重理论与实践相结合,强调项目式学习与学科交叉,强调校企合作与实习实训,以及注重自主学习与创新创业能力的培养。通过这些路径和模式的设计,学生可以得到全面发展的机会和资源,并充分发挥个人潜力,为经济、社会的发展做出贡献。同时,教育机构和培训机构也需要与行业企业、政府及学术界等进行多方合作,共同推动高素质技术技能人才的培养工作,以满足社会对人才的需求。

三、高素质技术技能人才的服务模式

高素质技术技能人才的服务模式对于满足经济社会的需求至关重要。培养高素质技术技能人才,不仅需要关注其技术能力和实践能力的提升,还需要关注他们在工作和职业生涯中的发展。服务模式的设计应该是多样化的,以适应不同行业和不同领域对人才的需求,并为其个人发展和做出社会贡献提供支持与机会。

(一)在企业内部提供专业服务

在很多行业中,企业需要高素质技术技能人才来承担一些专业性的工作，如软件开发、数据分析、系统维护等。这就要求企业内部需要有一支专业技术团队来提供相应的服务支持。通过建立内部专业团队，企业可以更好地满足自身业务发展的需要，并提供高质量的服务。此外，内部专业团队还可以与其他部门共同合作，推动创新和提升企业竞争力。

（二）面向外部客户提供技术服务

随着数字经济的不断发展，技术服务行业得到了蓬勃的发展，对高素质技术技能人才的需求越来越大。如许多企业和个人需要专业技术人员来提供软件开发、系统集成、数据分析等方面的信息技术服务。这就需要高素质技术技能人才能够与客户进行良好的沟通和协作，并根据客户需求提供相应的解决方案。通过面向外部客户提供技术服务，高素质技术技能人才不仅可以为客户提供优质的服务，还可以增加自身的社会影响力和经济收入。

（三）参与社会公益活动和技术扶贫

社会公益活动和技术扶贫是当前社会非常关注的领域。许多高素质技术技能人才愿意将自己的知识与技能应用于社会发展和改善人民生活的实践中。如有些技术人员会加入非营利组织或参与社区活动，为弱势群体提供相关的技术支持和培训。通过参与社会公益活动和技术扶贫，高素质技术技能人才可以为社会的可持续发展做出贡献，并实现其自身价值。

（四）开设在线教育课程和培训班

随着数字技术的发展，在线教育成为教育领域的一种重要的教学模式。高素质技术技能人才可以将自己的专业知识和实践经验转化为在线教育课程，为更多的学员提供学习机会和资源。通过在线教育课程和培训班，高素质技术技能人才可以将自己的专业知识传授给更多人，并推动技术普及和社会进步。

高素质技术技能人才的服务模式包括在企业内部提供专业服务、面向外部客户提供技术服务、参与社会公益活动和技术扶贫，以及开设在线教育课程和培训班。通过不同的服务模式，高素质技术技能人才可以满足不同领域对人才的需求，并为经济社会的发展做出贡献。与此同时，政府、教育机构和企业也要积极推动服务模式的创新与完善，为高素质技术技能人才提供更好的发展机会。

四、未来高素质技术技能人才培养和服务的发展方向

未来的高素质技术技能人才培养和服务的发展方向围绕着科技创新、跨界合作、终身学习与人文关怀展开，以适应不断变化的社会需求和技术创新的挑战。

（一）未来的高素质技术技能人才培养将更加注重跨学科综合能力的培养

随着科技的发展，新兴领域和行业的出现，高素质技术技能人才需要掌握的不仅仅是自己的专业技能，还需要具备跨学科的知识和综合能力。未来的培养方向将强调跨学科合作和知识交叉。学生被鼓励参与多学科的合作项目，并接触到不同领域的知识和技能。例如，在以人工智能为代表的新兴技术领域，需要具备计算机科学、数学、心理学等多学科的综合能力才能应对复杂问题。未来的培养方向是提供更多的跨学科合作机会，培养学生的综合能力和解决问题的能力。

（二）未来的高素质技术技能人才培养将强调终身学习和职业发展支持

由于科技的快速进步和经济的快速转型，技术和技能的更新换代速度将越来越快。未来的高素质技术技能人才需要具备持续学习的能力，能够不断适应新的技术和发展的需求。未来的培养将提供更多的终身学习机会，通过在线教育、职业培训等方式不断更新和拓展学生的知识与技能。此外，未来的培养还将提供更多的职业发展支持，帮助学生规划职业道路，提供职业咨询和指导服务。通过提供职业规划课程、实习机会和职业导师等方式，帮助学生了解不同行业的发展趋势和需求，为其职业发展提供支持。

（三）未来的高素质技术技能人才培养和服务将更加注重人文关怀与社会责任

高素质技术技能人才除了需要具备专业知识和技能外，还需要具备人文关怀和社会责任意识。在人工智能、大数据等技术的发展中，对隐私保护、数据伦理、人机关系等问题的关注。未来的培养将注重培养学生的伦理意识、社会责任感和科技人文素养。例如，在计算机科学教育中，学校

可以通过开设相关的伦理学和社会学课程，引导学生思考技术背后的伦理问题及其对社会的影响，并培养学生的判断力和社会责任意识。

（四）未来的高素质技术技能人才培养和服务将强调科技创新与跨界合作

随着科技的迅猛发展，创新能力将成为高素质技术技能人才的重要能力。未来的培养方向将注重培养学生的创新意识和创新能力，为学生提供创新创业的机会和支持。与此同时，未来的培养方向还将鼓励技术人才与非技术人才进行跨界合作。例如，在科技创新项目中，技术人才可以与设计师、人文学者等其他领域的专业人才进行合作，通过跨界合作创新，提供更加综合和有价值的解决方案。

综上所述，未来高素质技术技能人才培养和服务的发展方向将围绕科技创新、跨界合作、终身学习与人文关怀展开。学生将通过跨学科的合作和综合能力的培养，获得适应不断变化的需求和技术创新的能力。同时，学生将得到终身学习和职业发展的支持，以不断更新和拓展自己的知识与技能。此外，强调人文关怀和社会责任，培养学生的伦理意识和社会责任意识。未来的培养还将鼓励科技创新和跨界合作，推动技术与其他领域的融合，提供更加综合和有价值的解决方案。所有这些发展方向将为高素质技术技能人才的培养和服务提供更多的机会与资源，推动经济社会的可持续发展。

第四节　高素质技术技能人才服务乡村振兴战略研究

在实现共同富裕目标的背景下，高素质技术技能人才对于推动乡村振兴战略具有重要意义。本节主要探讨高素质技术技能人才服务乡村振兴战略的现状、路径和对策。

一、高素质技术技能人才服务乡村振兴战略的现状

高素质技术技能人才服务乡村振兴战略的现状是一个复杂而多样的

议题。在实现共同富裕目标的背景下，乡村振兴战略已经取得了一定的进展，但仍然面临着一些挑战。乡村地区普遍面临着人口流失、资源匮乏、产业结构单一等问题。由于城市的吸引力和机会更多，年轻人普遍选择离开乡村，去城市寻求更好的发展。这导致乡村地区的劳动力短缺，产业发展受到限制。此外，乡村地区的资源相对有限，缺乏创新和技术支持，难以实现可持续发展。在这种情势下，高素质技术技能人才的服务对于推动乡村振兴战略具有重要意义。

目前，高素质技术技能人才服务乡村振兴已经取得一些进展。一些高校、研究机构和科技企业积极参与到乡村振兴的实践中，提供技术支持、人才培养等方面的服务。如高校开设农业科技专业，并与乡村地区的农业合作社、农业企业合作，为当地农民提供农业技术培训和技术支持；科技企业也积极开展乡村数字化、智能化等方面的技术服务，为乡村地区提供新的发展动力。

然而，目前仍然存在一些问题和不足。高素质技术技能人才与乡村地区的联系不够紧密，对于乡村振兴战略的支撑作用不够明显。一方面，高素质技术技能人才对于乡村地区的了解和关注不够，对于乡村振兴的需求和潜力缺乏深入了解；另一方面，乡村地区对于高素质技术技能人才的需求和吸引力不够，缺乏相应的政策与机制来吸引和留住这些人才。因此，为了进一步推动高素质技术技能人才服务乡村振兴战略的发展，需要采取一系列的措施。

二、高素质技术技能人才服务乡村振兴战略的路径

要实现高素质技术技能人才对乡村振兴的有效服务，有以下几条路径：

（一）加强高素质技术技能人才与乡村地区的联系

1. 加强高素质技术技能人才与乡村地区的联系是推动乡村振兴战略的重要举措

当前，由于城市化进程的加速和乡村资源的相对匮乏，乡村地区面临着人口流失、经济发展滞后等问题。高素质技术技能人才具备丰富的知识

和技能，能够为乡村振兴提供创新思维和专业支持。因此，加强高素质技术技能人才与乡村地区的联系是实现乡村振兴战略的关键。

2. 加强高素质技术技能人才与乡村地区的联系需要建立有效的交流渠道和合作机制

高素质技术技能人才应积极参与到乡村地区的实践活动中，与当地农民合作，了解他们的需求和问题。通过组织学生社会实践、促进科技企业与乡村地区的合作等方式，可以促进高素质技术技能人才与乡村地区的交流和合作。高校可以组织学生前往乡村地区开展调研，与当地农民交流，了解他们的实际需求和问题，为乡村振兴提供有针对性的解决方案。

3. 加强高素质技术技能人才与乡村地区的联系需要提供相应的政策支持

政府可以制定相关政策，鼓励高素质技术技能人才到乡村地区工作和创业。政府提供税收优惠、创业补贴等政策，吸引高素质技术技能人才到乡村地区开展科技创新和农业发展等工作。此外，政府还可以加大对高素质技术技能人才的培训和支持力度，提供相关的培训课程和资金支持，帮助他们更好地满足乡村振兴的需求。

4. 加强高素质技术技能人才与乡村地区的联系需要促进合作和共享

乡村地区需要高素质技术技能人才的支持和帮助，同时，高素质技术技能人才也可以从乡村地区获得创新和发展的机会。通过建立合作机制，促进高素质技术技能人才与乡村地区的合作，可以实现资源共享和优势互补。如建立乡村振兴创新创业基地，吸引高素质技术技能人才到乡村地区创业和开展科技创新项目。同时，可以鼓励城市企业与乡村地区的农业合作社、农民专业合作社等进行合作，共同推动乡村振兴战略的实施。

5. 加强高素质技术技能人才与乡村地区的联系需要强化技术支持和知识传递

高素质技术技能人才应提供专业的技术支持和进行知识传递，帮助乡村地区提升产业发展水平和创新能力。通过建立技术咨询中心、专业热线等支持平台，可以为乡村地区提供及时、全面的技术咨询。同时，组织专业的培训和交流活动，将高素质技术技能人才的知识和经验传递给乡村地区的农民与企业，可以提升他们的技术水平和创新能力。

加强高素质技术技能人才与乡村地区的联系是推动乡村振兴战略的关键。高素质技术技能人才的参与能为乡村地区带来新的动力，推动乡村振兴的可持续发展；同时，加强高素质技术技能人才与乡村地区的联系不仅有助于推动乡村振兴战略的实施，还有助于促进高素质技术技能人才的个人发展。乡村地区提供了广阔的发展空间和创新机会，可以为高素质技术技能人才提供实践、锻炼和成长的平台。通过建立有效的交流渠道和合作机制，提供政策支持措施，促进合作与共享，强化技术支持和知识传递，可以实现高素质技术技能人才与乡村地区的深度融合，为乡村振兴提供强有力的支持。

（二）建立多元化的乡村振兴服务模式

建立多元化的乡村振兴服务模式是推动乡村振兴战略的重要举措。当前，乡村地区面临着人口流失、资源匮乏、产业结构单一等问题，需要引入多样化的服务模式来激发乡村地区的发展潜力。多元化的乡村振兴服务模式可以提供全方位、多层次的支持和服务，满足不同层次的乡村地区的发展需求。

1. 建立创新创业基地，为乡村地区的创业者提供支持和创新资源

创新创业基地可以提供办公场所、技术支持、资金支持等，帮助乡村创业者实现创业梦想。如在乡村地区建立农业科技创新园区，吸引高素质技术技能人才和创业者前来创新创业，推动乡村农业的现代化和智能化发展。创新创业基地可以为乡村地区的创业者提供创业培训、技术咨询、市场推广等服务，帮助他们解决创业过程中的问题和困难。

2. 提供技术培训和咨询服务，提升乡村地区的技术水平和创新能力

因为乡村地区普遍面临着技术落后、人才匮乏等问题，所以需要引进高素质技术技能人才为乡村地区提供专业的技术培训和咨询服务。如高校组织教师和科研人员到乡村地区开展技术培训，为当地农民和企业提供新的技术知识；设立技术咨询中心，为乡村地区的农民和企业提供技术咨询服务，帮助他们解决实际问题，提升乡村地区的生产效率和竞争力。

3. 动科技成果转化，促进乡村地区的产业升级和创新发展

乡村地区的产业结构相对单一，缺乏创新和科技的支持，需要引入高素质技术技能人才来推动科技成果的转化和应用。如科技企业与乡村地

区的农业合作社、农民专业合作社等进行合作，将科技成果转化为实际生产力，推动乡村地区的产业升级和创新发展。同时，可以设立科技创新基金，为乡村地区的科技创新项目提供资金支持，帮助他们实现科技成果的商业化和产业化。

4. 推动农村电商和数字化服务的发展，拓宽乡村地区的发展渠道

随着互联网的普及和数字经济的发展，农村电商和数字化服务成为乡村振兴的重要支撑。高素质技术技能人才可以通过建立农村电商平台、开展数字化服务等方式，为乡村地区的农产品销售、农村旅游等提供支持。如建立农产品电商平台，帮助乡村农民将产品销售到城市市场，拓宽销售渠道，增加收入。同时，可以开展数字化服务，如农村电商培训、农村电商物流配送等，提升乡村地区的电商能力和服务水平。

5. 促进乡村文化和旅游产业的发展，提升乡村地区的软实力和吸引力

乡村地区拥有丰富的自然资源和文化遗产，可以通过开展乡村旅游和文化活动来推动乡村地区的发展。高素质技术技能人才可以为乡村地区提供文化创意、旅游规划、营销策划等方面的支持和服务。如与乡村地区的文化机构、旅游企业合作，高素质技术技能人才参与或主导，共同开展乡村旅游项目，打造独特的乡村旅游品牌，吸引更多的游客和投资。

建立多元化的乡村振兴服务模式是推动乡村振兴战略的重要举措。通过建立创新创业基地、提供技术培训和咨询服务、推动科技成果转化、发展农村电商和提供数字化服务、促进乡村文化和旅游产业的发展等方式，可以为乡村地区提供全方位、多层次的支持和服务，推动乡村振兴战略的实施。这些多元化的服务模式将有助于激发乡村地区的发展潜力，提升乡村地区的竞争力和可持续发展能力。

（三）推动乡村与城市的融合发展

推动乡村与城市的融合发展是实现乡村振兴战略的重要举措。通过推动乡村与城市的融合发展，可以实现资源共享、优势互补，促进乡村地区的发展和城乡一体化。

1. 建立乡村与城市之间的合作机制，促进资源共享和互利合作

乡村地区需要借助城市的技术、资金、市场等资源来推动乡村振兴，而

城市地区也可以通过与乡村地区合作，获得更多的农产品、旅游资源等。如建立乡村与城市之间的产业合作联盟，通过合作共建农业产业链、农产品加工基地等方式，实现农产品的流通和加工价值的提升。同时，可以建立乡村与城市之间的科技创新合作平台，促进科技成果的转化和应用。

2. 推动创新创业项目的跨区域合作，促进乡村与城市的创新发展

乡村地区拥有丰富的自然资源和文化遗产，而城市地区则拥有更多的创新资源和市场需求。通过跨区域合作，可以将乡村地区的资源与城市地区的创新能力相结合，实现创新创业项目的发展。如引导城市企业和高校与乡村地区的农业合作社、农民专业合作社等进行合作，共同开展农业科技创新项目，推动乡村地区农业的现代化和智能化发展。

3. 建立城乡一体化的发展规划和政策体系，促进乡村与城市的有机衔接

城乡一体化发展规划可以统筹城乡发展，促进城市与乡村地区的协同发展，制定城市规划和乡村振兴规划的整合方案，协调城市与乡村地区的发展，实现资源的合理配置和互补。政府可以制定相关政策，鼓励城市企业和高校到乡村地区开展创新创业项目，同时也可以为乡村地区提供更多的政策支持，吸引城市人才和资金投入乡村振兴事业。

4. 推动城市与乡村地区的人才交流，增加和促进乡村地区的人才储备与发展

城市地区拥有更多的高素质技术技能人才和创新人才，可以通过人才交流和培养的方式，将城市的人才优势引入乡村地区。如高校组织学生到乡村地区开展实践活动，提供技术支持和创新思维。同时，可以建立乡村振兴人才培训基地，为乡村地区的人才提供培训课程和实践机会，提升他们的技术水平和创新能力。

总而言之，推动乡村与城市的融合发展是实现乡村振兴战略的重要举措。通过建立乡村与城市之间的合作机制，促进资源共享和互利合作；推动创新创业项目的跨区域合作，促进乡村与城市的创新发展；建立城乡一体化的发展规划和政策体系，促进乡村与城市的有机衔接；推动城市与乡村地区的人才交流，增加和促进乡村地区的人才储备与发展。通过这些举措，可以实现乡村与城市的互补发展，促进乡村振兴战略的实施，实现乡

村地区的可持续发展和共同富裕。

（四）加强高素质技术技能人才的培养与引进

加强高素质技术技能人员的培养与引进是推动乡村振兴战略的重要举措。当前，乡村地区面临着人口流失、经济发展滞后等问题，而高素质技术技能人才具备丰富的知识和技能，能够为乡村振兴提供创新思维和专业支持。因此，加强高素质技术技能人才的培养与引进是实现乡村振兴战略的关键。

1. 加大高校和职业教育机构的培养力度，培养更多的高素质技术技能人才

高校和职业教育机构是培养高素质技术技能人才的重要基地，其应该加强对乡村振兴相关专业的培养，如开设农业科技、农村经济管理、农村社会发展等专业，培养具备农村振兴相关知识和技能的人才。同时，可以加强实践教学，组织学生前往乡村地区开展实践活动，提高他们的实践能力和创新思维。同时，乡村地区的职业培训学校"应积极争取国家和地方资金支持，根据科学技术的发展，不断更新实习实训设备，特别是一些新技术、新设备，如机器人、3D打印机等设备，保证学校的实习实训条件与企业同步，与市场同步，才能培养出符合企业要求的高技能人才"[①]。

2. 加强乡村地区的技能培训，提升当地居民的技术水平和创新能力

乡村地区普遍面临着技术落后、人才匮乏等问题，需要引入高素质技术技能人才为当地居民提供培训和指导，如组织专业技术人员前往乡村地区开展技术培训，为农民和当地企业提供专业的技术指导和传授实践经验；建立咨询中心，为乡村地区的农民和企业答疑解惑和提供问题解决方案，从而提升乡村地区的生产效率和竞争力。

3. 加强高素质技术技能人才的引进，为乡村地区提供专业的支持和服务

乡村地区需要借助高素质技术技能人才的力量来推动乡村振兴，当地政府可以通过引进人才的方式来满足乡村地区的需求。政府可以制定相关

---

① 刘生然. 新形势下农村中等职业学校发展面临的困难与对策 [J]. 劳动保障世界，2016（25）：62.

政策，如税收优惠、创业补贴等，吸引高素质技术技能人才到乡村地区开展科技创新和农业发展等工作。同时，通过招聘、引才计划等方式吸引更多的人才到乡村地区工作。

4. 加强高素质技术技能人才与乡村地区的联系，激发他们的创新创业激情

高素质技术技能人才具备丰富的知识和技能，可以为乡村地区的发展提供创新思维和专业支持。可以通过建立交流平台和合作机制，促进高素质技术技能人才与乡村地区的交流和合作。例如，可以组织高素质技术技能人才前往乡村地区开展调研，与当地农民交流，了解他们的实际需求和问题，建立乡村振兴创新创业基地，吸引高素质技术技能人才到乡村地区创业和开展科技创新项目。

三、高素质技术技能人才服务乡村振兴战略的对策

在服务乡村振兴战略的过程中，还需要采取一些具体对策来增强高素质技术技能人才的服务能力和效果。

（一）加大政策支持和引导力度

加大对高素质技术技能人才服务乡村振兴的政策支持和引导力度是推动乡村振兴战略的重要举措。政府应加大政策支持和引导力度，如税收、奖励、资金等方面的激励，从而吸引更多的高素质技术技能人才参与到乡村振兴中。

1. 加大对高素质技术技能人才培养和引进政策的支持力度

政府可以通过制定相关政策，鼓励高校和职业教育机构加强对乡村振兴相关专业培养的侧重，如提供奖学金、助学金等资助政策，可以吸引更多的学生选择乡村振兴相关专业。同时，政府还可以通过增加培训经费、设立培训基地等方式，提高乡村地区的技术培训水平，培养更多的高素质技术技能人才。

2. 加大对高素质技术技能人才服务乡村振兴的引导力度

政府可以制定相关政策，鼓励高素质技术技能人才到乡村地区工作和创业。例如，政府可以提供税收优惠、创业补贴等政策，吸引高素质技术

技能人才到乡村地区开展科技创新和农业发展等工作。政府还可以加强对高素质技术技能人才引进和培养的指导与服务，为他们提供创新创业的平台和机会。

3. 加大对高素质技术技能人才服务乡村振兴的政策支持力度

政府可以通过制定相关政策，为高素质技术技能人才提供更好的工作机会和发展环境。例如，政府可以建立乡村振兴创新创业基地，为高素质技术技能人才提供办公场所、实验室设备等支持，帮助他们开展科技创新和创业项目。政府还可以加大对高素质技术技能人才的项目资助力度，为他们提供项目资金和技术支持，促进他们在乡村地区的创新创业活动。

4. 加大对高素质技术技能人才服务乡村振兴的政策引导力度

政府可以通过制定相关政策，引导高素质技术技能人才更好地服务乡村振兴。例如，政府可以建立乡村振兴专家咨询团队，组织高素质技术技能人才前往乡村地区提供专业咨询和指导，帮助当地解决实际问题。政府还可以加强对高素质技术技能人才的培训，提升他们的服务能力和创新能力，促进他们更好地服务乡村地区。

5. 加大对高素质技术技能人才服务乡村振兴政策的落实力度

政府可以加强对政策的监督和评估，确保政策的有效实施和效果。例如，政府可以建立政策宣传平台，向高素质技术技能人才宣传政策的内容和利益，让他们了解政策的具体措施和实施要求。政府还可以建立政策评估机制，定期评估政策的实施情况和效果，及时调整和改进政策，提高政策的针对性和可操作性。

（二）建立健全技术支持机制

高素质技术技能人才在乡村振兴中提供专业的技术支持是推动乡村振兴战略的重要举措，如建立技术咨询中心、专业热线等支持平台，为受援乡村提供及时、全面的技术咨询服务，等等。

1. 建立高素质技术技能人才与乡村地区的合作机制

乡村地区需要借助高素质技术技能人才的力量来推动乡村振兴，而高素质技术技能人才也需要乡村地区提供的实践机会和发展平台。因此，可以建立高素质技术技能人才与乡村地区的合作机制，促进双方的合作与交流。

2. 加强高素质技术技能人才与乡村地区的交流和合作

高素质技术技能人才具备丰富的知识和技能，可以为乡村地区的发展提供创新思维和专业支持。可以通过建立交流平台和合作机制，促进高素质技术技能人才与乡村地区的交流和合作。比如组织乡村地区的农民和企业代表参观高科技农业园区、科研机构等，学习先进的农业技术和管理经验，提升他们的技术水平和创新能力。

3. 开展高素质技术技能人才与乡村地区的合作项目

高素质技术技能人才可以通过与乡村地区的合作项目，为乡村振兴提供专业技术支持。高素质技术技能人才可以为乡村地区提供技术咨询、技术培训、技术服务等支持，帮助乡村地区提升农业生产效益和产品质量，推动乡村地区的经济发展。

4. 加强高素质技术技能人才与乡村地区人才的交流

乡村地区需要培养更多的高素质技术技能人才，而高素质技术技能人才也需要乡村地区提供的发展机会和实践平台。因此，可以通过建立高校和职业教育机构与乡村地区的合作机制，加强与高素质技术技能人才的交流。如邀请乡村地区的农民和企业代表到高校与职业教育机构进行交流和培训，提升他们的技术水平和管理能力。

加大对高素质技术技能人才在乡村振兴中提供专业技术支持的政策支持和引导力度，既可以促进高素质技术技能人才的个人发展，也能推动乡村地区的发展。通过政策的支持和引导，高素质技术技能人才可以为乡村地区的发展提供专业技术支持，推动乡村振兴战略的实施。这将有助于解决乡村地区面临的问题，促进乡村地区的可持续发展和实现共同富裕。

（三）推动乡村人才培养和合作机制的创新

推动乡村人才培养和合作机制的创新是乡村振兴战略的重要举措。构建乡村创新创业人才培养体系，加强职业教育与乡村振兴的结合，提供有针对性的培训项目。同时，推动乡镇企业、高校及科研院所之间的合作，搭建高素质技术技能人才与乡村的交流合作平台。

1. 创新乡村人才培养机制

乡村地区需要培养更多专业人才来支持乡村振兴的各个方面。通过创新人才培养机制，可以提高乡村地区的教育质量和人才培养水平。例如，可以建立乡村特色教育模式，将农业科技、农村经济管理等相关专业纳入教育体系，培养适应乡村振兴需求的专业人才。同时，可以加强高校和职业教育机构与乡村地区的合作，开展实践教学、实习、实训等活动，提升学生的实践能力和创新能力。

2. 创新乡村人才合作机制

乡村振兴需要借助各方力量的合作与支持，而乡村地区的人才资源也需要更多的合作机会和发展平台。通过创新人才合作机制，可以促进乡村地区的人才流动和合作。例如，可以建立乡村人才合作交流平台，为乡村地区的农民、企业等提供与专业人才的对接和合作的机会。通过平台的搭建，可以让乡村地区的农民和企业与专业人才进行交流及合作，共同推动乡村振兴的进程。

3. 创新乡村人才培养和合作机制的政策支持

政府可以通过制定相关政策，鼓励和支持乡村人才的培养与合作。政府可以建立人才引进政策，为乡村地区的农民、企业等引进专业人才提供补贴和优惠待遇。通过政策的支持，可以为乡村人才的培养和合作提供更多的动力与机会。

4. 创新乡村人才培养和合作机制的组织形式

乡村振兴需要各方的协同合作和共同努力，而乡村人才的培养和合作也需要更加有效的组织形式。通过创新组织形式，可以促进乡村人才的培养和合作。如成立乡村人才培养和合作的协会或组织，为乡村地区的教育机构、农民、企业等提供交流和合作的平台。通过协会或组织的组织和推动，可以促进乡村人才的培养和合作活动的开展，推动乡村振兴战略的实施。

5. 创新乡村人才培养和合作机制的评估与监督机制

创新乡村人才培养和合作机制需要有效的评估与监督机制来确保其实施和效果。可以建立乡村人才培养和合作的评估与监督机制，定期对相关机制的实施情况与效果进行评估和监督。通过评估和监督的结果，可以及时发现问题和不足，进一步完善与改进乡村人才培养和合作机制，提高其针对性和有效性。

通过创新乡村人才培养机制、创新乡村人才合作机制、创新乡村人才培养和合作机制的政策支持、创新乡村人才培养和合作机制的组织形式，以及创新乡村人才培养和合作机制的评估与监督机制，可以为乡村地区提供更多的人才支持和发展机会，推动乡村振兴战略的实施。这些创新机制的有效实施将有助于解决乡村地区面临的人才问题，促进乡村地区的可持续发展和实现共同富裕。

（四）强化社会组织参与

鼓励社会组织积极参与到高素质技术技能人才服务乡村振兴的行动中，形成多方合力，是推动乡村振兴战略的重要举措。

1. 鼓励社会组织与高校、科研机构等合作，共同开展乡村振兴相关项目

社会组织可以与高校、科研机构等合作，共同开展农业科技创新、农产品加工等项目，为乡村地区提供专业技术支持。例如，社会组织可以与高校合作，开展农业科技示范项目，引进先进的农业技术和管理经验，帮助乡村地区提升农业生产效益和产品质量；社会组织还可以与科研机构合作，进行农产品加工研究和开发，推动乡村地区的农产品加工产业发展。

2. 鼓励社会组织与农民合作，共同开展农业生产和经营活动

社会组织可以与农民合作，共同开展农业生产和经营活动，为乡村地区提供专业技术支持和管理经验。例如，社会组织可以与农民合作，建立农业合作社或农业龙头企业，引进先进的农业技术和经营模式，帮助农民提升农业生产效益和经营水平；同时，社会组织还可以与农民合作，进行农产品销售和市场开拓，推动乡村地区的农产品流通和市场化发展。

3. 鼓励社会组织与乡村地区的组织合作，共同开展乡村振兴相关项目

社会组织可以与乡村地区的农业合作社、农民专业合作社等组织合作，共同开展农业科技推广、农产品加工等项目，为乡村地区提供专业技术支持和进行市场拓展。例如，社会组织与农业合作社合作，共同开展农业技术推广活动，为农民提供农业技术培训和咨询服务，帮助他们提升农业生产水平；社会组织与农民专业合作社合作，共同进行农产品加工和品牌建设，推动乡村地区的农产品加工产业发展。

4. 鼓励社会组织与乡村地区的非营利组织合作，共同开展乡村振兴相关项目

社会组织可以与乡村地区的非营利组织、志愿者组织等合作，共同开

展农村教育、医疗卫生等项目，为乡村地区提供专业支持和公益服务。例如，社会组织可以与非营利组织合作，共同开展农村教育项目，为乡村地区的学生提供教育资源和培训机会，提升他们的专业水平和就业竞争力；同时，社会组织还可以与志愿者组织合作，共同开展农村医疗卫生项目，为乡村地区的居民提供医疗服务和健康指导，改善和提升他们的生活质量与健康水平。

5. 鼓励社会组织与乡村地区的企业合作，共同开展乡村振兴相关项目

社会组织可以与乡村地区的企业合作，共同开展农业产业化、农村旅游等项目，为乡村地区提供专业支持和进行市场拓展。例如，社会组织可以与农业企业合作，共同开展农业产业化项目，引进先进的农业技术和管理经验，推动乡村地区的农业产业升级和农产品品牌建设；同时，社会组织还可以与旅游企业合作，共同开展农村旅游项目，为乡村地区提供旅游规划和产品开发的支持，促进乡村地区旅游业的发展。

鼓励社会组织积极参与到高素质技术技能人员服务乡村振兴的行动中，可以为乡村地区提供更多的发展机会和动力。通过社会组织与高校、科研机构的合作，社会组织与农民的合作，社会组织与乡村地区的农业合作社、农民专业合作社等组织的合作，社会组织与乡村地区的非营利组织、志愿者等组织的合作，以及社会组织与乡村地区的企业合作，可以为乡村地区提供专业支持、市场拓展机会和公益服务，推动乡村振兴战略的实施。这将有助于解决乡村地区面临的人才问题、资源问题和发展问题，促进乡村地区的可持续发展和实现共同富裕。

第六章 高素质技术技能人才培育范式的个案研究

在高素质技术技能人才培育范式的个案研究中,有一些先进的高素质技术技能人才培养的优秀案例和人才培养方案值得学习。以下是一些具有代表性的案例和方案。

第一节 我国的"企业导师"制度

"企业导师"制度是一种通过企业内部导师为员工提供个性化指导和培训的制度。企业导师通常是经验丰富、技术娴熟的老员工或高级管理人员,他们在企业内部扮演导师的角色,为新员工或晋升员工提供个性化的指导和培训。目前,我国的一些高校和企业合作已经引入"企业导师"制度,由企业中的专业人士担任学生的导师,指导他们学习和实践。企业导师可以为学生提供实际工作经验和职业发展指导,帮助他们更好地适应职场需求。

"企业导师"制度旨在提高员工的职业素养和技能,促进员工的职业发展和成长,近年来得到了广泛的关注和推广。"企业导师"制度的实施通常包括以下几个方面:

一、"企业导师"制度注重个性化的指导和培训

我国的"企业导师"制度是一种注重个性化的指导和培训的制度。在这种制度下,企业导师会与员工进行详细的沟通,根据员工个人的学习需求、职业目标、发展方向、发展目标,为其提供量身定制的个性化培训计

划,帮助员工解决具体问题和应对面临的挑战,提升他们在工作中的表现和实际能力,助力员工更好地发展自己的能力和技能。例如一个新入职的员工,在某个领域缺乏相关的知识和经验。企业导师可以为其制订个性化的培训计划,包括参加内部培训课程、与其他有经验的员工进行合作和交流、安排他们参与公司各个部门的工作,以便他们全面了解公司的运作和业务。又如晋升的员工,可能希望在职业生涯中发展领导能力,企业导师可以帮助他制订个性化的发展计划,包括参加领导力培训课程、扮演项目负责人或团队领导的角色,以及与高级管理人员进行交流和获得指导,帮助他们发展领导能力和传授团队管理技巧。通过个性化的指导和培训,企业导师能够满足员工的学习需求,提高他们的职业素养和技能。通过这些个性化的发展活动,员工可以提升自己的领导能力,并更好地应对职业挑战。

个性化的指导和培训还可以帮助员工发掘与发展自己的潜力。企业导师可以通过与员工的深入交流和观察,了解他们的兴趣和优势,并为他们提供相应的培训和发展机会。举个例子,一个员工可能对市场营销领域有浓厚的兴趣,企业导师可以为他们提供参与市场调研、制定营销策略或参与市场推广活动的机会。通过这些个性化的培训和发展机会,员工可以发展自己的潜力,实现个人的职业目标。

我国的"企业导师"制度有助于员工解决具体的问题与应对面临的挑战,提升他们在工作中的表现和实际能力。"企业导师"制度通过个性化的培训活动,可以帮助员工掌握所需的知识和技能,发展自己的潜力,实现个人的职业目标。这种个性化的指导和培训对于员工的职业发展与成长具有重要意义。

二、"企业导师"制度注重知识和经验的传承

在我国的"企业导师"制度中,知识和经验的传承是一项非常重要的内容。企业导师通常是经验丰富的员工,积累了丰富的知识和经验。通过与新员工或晋升员工的互动和交流,企业导师将自己的知识和经验传授给他们。这种知识和经验的传承有助于新员工更快地适应公司的文化与工作环境,提高他们的工作效率和质量。对于晋升的员工,企业导师的知识

和经验可以帮助他们更好地履行新的职责。企业导师通过知识和经验的传承，可以促进员工的职业发展和成长。

知识和经验的传承在"企业导师"制度中有多种方式：

（一）知识和经验的传承通过企业导师直接传授员工实现

企业导师可以通过与新员工的合作和学习，将自己在特定领域的专业知识传授给他们。举个例子，假设一个新入职的员工需要掌握某种特定的技术或工艺，企业导师可以通过与他的合作和对他的指导，传授其相关的知识和技巧。导师可以向新员工解释相关的原理和概念，演示具体的操作步骤，并引导他们亲自实践和应用。通过这种方式，新员工可以快速掌握所需的知识和技能，以提高工作效率和质量。

（二）知识和经验的传承通过企业导师与员工的交流和讨论实现

企业导师可以与员工分享自己在工作中遇到的问题和挑战，以及解决这些问题的方法和经验。这种交流和讨论的过程可以帮助员工更好地理解与应用相关的知识和技能，提升他们在工作中的表现和实际能力。举个例子，一个晋升的员工可能面临着新的管理挑战，企业导师可以与他们讨论如何有效地组织和管理团队、如何解决团队中的冲突和问题等。通过与导师的交流和讨论，员工可以获得宝贵的经验和建议，更好地履行新的职责。

（三）知识和经验的传承通过企业导师与员工在实际工作中的互动和观察实现

企业导师可以与员工一起参与实际的项目和任务，观察他们的工作表现并提供反馈和指导。举个例子，一个新员工可能需要参与一个复杂的项目，企业导师可以与他们一起工作，并观察他们在项目中的表现和能力。导师可以及时给予他们反馈和指导，帮助他们改进和提高工作质量。

我国的"企业导师"制度注重知识和经验的传承。企业导师通过与员工的合作和学习、交流和讨论，以及在实际工作中的互动和观察，将自己积累的知识和经验传授给他们。这种传承的过程有助于员工更快地适应工作环境和提高工作效率，也能够帮助他们更好地履行新的职责。通过知识和经验的传承，员工可以从导师的经验中学到更多的知识和技巧，提高自己的实际能力。这种知识和经验的传承对于员工的职业发展与成长具有重要意义。

三、"企业导师"制度注重员工的职业规划和发展

我国的"企业导师"制度注重员工的职业规划和发展，这是该制度的一个重要组成部分。企业导师与员工密切沟通，可以帮助员工制订职业规划和发展计划。企业导师会了解员工的职业目标和发展意愿，帮助他们制订实现这些目标的具体计划和策略。通过"企业导师"制度，员工能够更好地规划自己的职业道路，实现个人职业目标。

在"企业导师"制度中，员工的职业规划是基于对员工个人目标和发展意愿的了解与分析。企业导师可以与员工进行深入的交流和沟通，了解他们的兴趣、优势、价值观和职业目标。通过这样的了解，导师能够帮助员工制订符合其个人需求和目标的职业规划。

除了职业规划，企业导师还可以帮助员工制订发展计划。发展计划是根据员工的职业规划和发展目标制定的一系列行动步骤与策略。企业导师可以与员工共同探讨并制订适合员工个人情况的发展计划，以确保员工在职业发展过程中取得持续的进步。

在"企业导师"制度中，导师还会提供相关的培训和资源支持，以帮助员工实现职业规划和发展目标。导师可以为员工提供培训机会，帮助他们获得所需的技能和知识。此外，导师还可以为员工提供相关的资源和机会，如参与重要项目、担任重要职位等，以帮助他们实现职业目标。这种注重员工职业规划和发展的"企业导师"制度在促进员工的职业发展与成长方面发挥了重要作用。

四、小结

我国的"企业导师"制度是一种通过企业内部导师为员工提供个性化指导和培训的制度。这种制度注重个性化的指导和培训、知识和经验的传承以及员工的职业规划和发展。通过"企业导师"制度，员工能够获得个性化的指导和培训，提高职业素养和技能。企业导师的知识和经验的传承有助于员工更快地适应工作环境与提高工作效率。企业导师还可以帮助员工制订职业规划和发展计划，实现个人职业目标。我国的"企业导师"制

度在促进员工的职业发展和成长方面发挥了重要作用。

第二节 德国的"双元制"职业教育模式

德国的职业教育以"双元制"为特点,即学校与企业紧密合作,学生在学校学习理论知识的同时,还要在企业进行实践培训。这种培养模式能够使学生获得实际工作经验,提高他们的技能水平和就业竞争力。

德国的"双元制"职业教育模式有以下几个特点:

一、学校与企业合作

学校与企业合作是德国"双元制"职业教育模式的核心特点之一。德国的职业教育机构与企业之间建立了紧密的合作关系。学校根据企业的需求,制订相关的课程培训计划,确保学生所学的知识和技能符合实际工作的要求。同时,企业提供实践和培训的机会,使学生在真实的工作环境中学习和实践。这种合作关系建立在学校和企业之间的紧密联系上,旨在为学生提供更加具有实践性和与实际需求相符合的教育及培训。学校与企业合作的方式多种多样,涉及课程设计、实习安排、师资培训等方面。

(一)学校与企业的合作体现在课程设计上

德国的职业教育机构与各行各业的企业合作,共同制定相关的课程内容和培养目标。如此一来,就能确保教育内容与实际工作需求的契合。例如,在机械工程专业的课程设计中,学校会与机械制造企业合作,并结合企业的实际需求,确定学生需要学习的知识和技能。学生在学校学习期间,将接触到与企业实践紧密相关的课程,如机械设计、自动化控制等。

(二)学校与企业的合作体现在实习安排上

德国的职业教育注重学生的实践能力培养,与企业合作,学校可以为学生安排实习机会。实习是学生将所学知识应用于实际工作的重要环节,也是学生与企业进行深入交流的机会。学校与企业合作,共同确定实习的内容、时间和安排。例如,学校与汽车制造企业合作,为汽车工程专业的

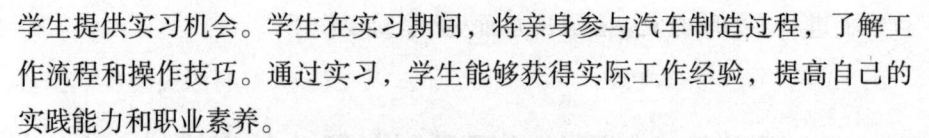

学生提供实习机会。学生在实习期间，将亲身参与汽车制造过程，了解工作流程和操作技巧。通过实习，学生能够获得实际工作经验，提高自己的实践能力和职业素养。

（三）学校与企业的合作体现在师资培训上

为了保证教育质量和培养效果，德国的职业教育机构与企业合作，进行师资培训。这种合作关系旨在提高教师的专业水平和增加实践经验，使他们能够更好地教授与企业实践相关的课程。例如，学校与IT企业合作，邀请企业的技术专家对教师进行专业培训，介绍最新的技术发展动态和实践案例。通过与企业的合作，学校的教师能够了解企业的最新需求和发展趋势，并将这些信息融入教学中，使学生能够跟上行业的发展步伐。

（四）学校与企业的合作采取项目合作、研究合作等方式

学校与企业可以共同开展研究项目，探索新的技术及其应用领域。例如，学校与能源公司合作，需要开展可再生能源技术研究，共同推动能源的转型和可持续发展。通过项目合作，学校和企业能够相互借鉴，共同推动技术创新和发展。

德国的"双元制"职业教育模式成为培养高素质技术技能人才的成功典范。通过与企业的合作，学校能够更好地了解企业的需求，为学生提供与实际工作相符合的培训和教育。学校与企业合作的方式多种多样，不仅有利于学生实践能力的培养和就业竞争力的提升，也为企业提供了人才储备和技术支持。

二、理论与实践相结合

理论与实践相结合是德国"双元制"职业教育模式的重要特点之一。德国的职业教育注重理论与实践相结合。学生在学校学习理论知识的同时，还要在企业进行实践和培训。通过实践，学生能够将所学的理论知识应用到实际工作中，培养其实际操作能力和解决问题的能力。这种教育模式旨在培养学生的实际操作能力和解决问题的能力，使他们在实际工作中应用所学的理论知识。在德国的职业教育中，理论与实践相结合体现在课程设置、实践培训、项目实践等方面。

第六章 高素质技术技能人才培育范式的个案研究

（一）理论与实践相结合体现在课程设置上

德国的职业教育机构与企业合作，共同制定相关的课程内容和培养目标。这一合作关系确保了教育内容与实际工作需求的契合。学校将理论知识与实践技能进行有机结合，可以为学生提供与实际工作相关的课程。例如，在电子工程专业的课程设计中，学校会安排电路设计、电子设备维修等实践性课程，让学生通过实际操作掌握电子技术的基本原理和应用技能。通过这种方式，学生能够将所学的理论知识应用于实际工作中，培养其实际操作能力和解决问题的能力。

（二）理论与实践相结合体现在实践培训上

德国的职业教育非常重视学生实践能力的培养，因此安排了实践培训的环节。学生在学校学习期间，除了上课学习理论知识外，还要参加实践培训，将所学知识应用于实际工作中。例如，在酒店管理专业的实践培训中，学生将进入实际的酒店工作环境，担任不同职位的工作，如前台接待、客房服务等。通过实践培训，学生能够亲身体验和了解酒店运营的各个环节，提高实际操作能力和解决问题的能力。

（三）理论与实践相结合体现在项目实践中

德国的职业教育注重学生实际工作能力的培养，因此开展了各种项目实践活动。学生通过参与项目实践，能够将所学的理论知识应用于实际项目中，培养其解决实际问题的能力。例如，在建筑工程专业的项目实践中，学生将参与实际的建筑项目，负责项目的规划、设计和施工等工作。通过项目实践，学生能够了解建筑工程的各个环节，掌握实际操作技能，并培养解决问题的能力。

（四）理论与实践相结合体现在研究项目中

除了课程设置、实践培训和项目实践外，理论与实践相结合还体现在学校与企业合作的研究项目中。学校与企业可以共同开展研究项目，探索新的技术和应用领域。例如，在新能源领域的研究项目中，学校与能源公司合作，共同研究可再生能源的开发和利用。通过研究项目，学生能够将所学的理论知识与实际问题相结合，培养自己解决复杂问题的能力。

通过将理论知识与实践技能有机结合，德国"双元制"职业教育模式让理论与实践相结合，学生能够将所学的理论知识应用于实际工作中，提高实际操作能力和解决问题的能力。这种培养方式不仅有利于学生就业竞争力的提升,也为企业提供了技术支持和创新动力。因此,德国"双元制"职业教育模式在培养高素质技术技能人才方面具有重要意义。

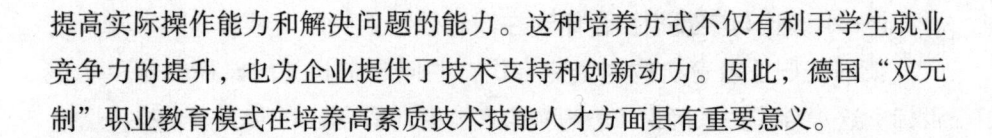

三、学徒制度

学徒制度是德国职业教育中的重要组成部分,也是德国"双元制"职业教育模式的核心之一。"学习是一种才能,需受教育、需进学校、需做学徒,所费不少,这样费去的资本,好像已经实现并且固定在学习者身上。这些才能,对于他个人自然是财产的一部分,对于他所属的社会,也是财产的一部分"[①]。德国的职业教育采用学徒制度,核心是学生在企业中与经验丰富的师傅一起工作和学习。学徒制度为学生提供了宝贵的实践机会,通过与师傅的密切合作,学生不仅了解实际工作的流程和要求,还能逐步掌握相关的技能和提高实操水平;师傅会对学徒进行指导和培训,帮助学生快速融入工作环境,切身体会到工作的实际需求,从而提高学生的职业素养。

(一)学徒制度的特点

学徒制度具有以下几个特点:

1. 实践导向

学徒制度注重对学生实践能力的培养。学生在企业中与师傅一起工作和学习,亲身参与实际工作,掌握实际操作技能。通过实践,学生能够将所学的理论知识应用于实际工作中,培养解决问题和适应工作环境的能力。

2. 个性化培养

学徒制度注重对学生的个性化培养。师傅会根据学徒的特点和潜力,制订个性化的培养计划。师傅会根据学徒的兴趣和能力,安排不同的工作任务和学习内容,帮助学徒发挥自己的优势和潜力。

3. 传承与创新

学徒制度强调传统技艺的传承和创新。师傅作为行业内的专家和经验

[①] 惠宁,霍丽. 试论人力资本理论的形成及其发展 [J]. 江西社会科学,2008(03).

丰富的从业者，能够将自己的技艺和经验传授给学徒。同时，学徒也能够带来创新的观点，促进行业的发展和创新。

4. 职业认同

学徒制度有助于学生形成职业认同感。学生在与师傅一起工作和学习的过程中，能够深入了解自己从事的职业，并逐渐形成对职业的认同和热爱。学徒制度能够激发学生的职业热情和动力，使他们更加专注地投入工作。

（二）学徒制度的作用

学徒制度在德国的职业教育中发挥着重要作用。学徒制度不仅培养了大量的技术技能人才，也为企业提供了稳定的人才储备。同时，学徒制度有助于传承和发展传统技艺，促进行业的创新和发展。

举例来说，在德国的汽车制造业，工厂会招收学徒，让他们与经验丰富的汽车技师一起工作和学习。学徒会在工厂中亲自参与汽车的生产和维修，并学习汽车制造的各个环节及其相关技术。在这一过程中，学徒获得丰富的实践经验，并逐渐掌握汽车制造的技能和知识。学徒制度使得德国的汽车制造企业能够培养出大量的技术人才，从而为企业的发展提供有力的人才支持。除了制造业，学徒制度在其他行业也有广泛应用，如在酒店管理行业。

四、职业资格证书

德国职业教育注重职业资格的认证。学生在完成职业教育课程后，可以参加职业资格考试，获得相应的职业资格证书。职业资格证书是一种由相关机构或组织颁发的证书，用于确认个人在特定职业领域具备一定的专业知识、技能和经验。职业资格证书的核心是评估个人在特定职业领域的专业能力。评估依据通常是一系列的标准和要求，这些标准和要求由相关的职业组织或机构制定。个人需要通过一系列的考试或实践评估来证明自己具备相关的专业知识、技能和经验。一旦个人通过了评估，就可以获得相应的职业资格证书。

职业资格证书在德国的职业教育中扮演着重要角色，是评价学生技能水平和职业能力的重要依据，也是学生就业的重要资格证明。职业资格证书不仅为个人提供了职业发展的机会，还为企业提供了可靠的人才选拔和评价依据。职业资格证书的作用主要体现在以下几个方面：

（一）职业认可

职业资格证书是个人在特定职业领域的专业认可。持有职业资格证书的个人可以证明自己具备相关的专业知识和技能，从而提升在职场上的竞争力。企业在招聘和选拔人才时，通常会优先考虑持有相关职业资格证书的候选人。举例来说，在德国的电工行业，持有电工资格证书的个人可以证明自己具备电工相关的专业知识和技能。这些证书是在通过相关考试后颁发的，标志着个人在电工领域具备了一定的专业能力。企业在招聘电工时，通常会优先考虑持有电工资格证书的应聘人员，因为他们可以更快速地适应工作环境，并具备相关的技能和经验。

（二）职业发展

职业资格证书为个人的职业发展提供了机会。持有职业资格证书的个人可以通过进一步的学习和培训，获得更高级别的职业资格证书。这些证书可以帮助个人在职业生涯中晋升和提升地位，拓宽职业发展的道路。举例来说，在德国的护理行业，个人可以通过持有不同级别的护理资格证书来实现职业发展。持有初级护理资格证书的个人可以通过进一步的学习和培训，获得高级护理资格证书。高级护理资格证书可以使个人在护理行业中晋升为高级护士或护理主管，担任更高级别的职位。

（三）职业标准

职业资格证书有助于确立职业标准和规范。职业资格证书的评估标准通常由相关的职业组织或机构制定，这些标准和规范可以帮助个人与企业更好地了解特定职业的要求和期望。职业资格证书的存在促使个人不断提升自己的专业能力，以符合行业的标准和要求。举例来说，在德国的烹饪行业，持有厨师资格证书的个人可以证明自己具备烹饪相关的专业知识和技能。这些证书的评估标准包括食材选择、烹饪技巧、卫生标准等，这些标准和要求有助于确立烹饪行业的职业标准与规范。

（四）职业保障

职业资格证书为个人提供了职业保障。持有职业资格证书的个人可以证明自己具备相关的专业能力，从而在职场上获得更好的机会。职业资格证书可以为个人提供稳定的职业发展和职业保障。举例来说，在德国的建筑行业，持有建筑师资格证书的个人可以证明自己具备建筑设计和管理的专业能力。这些证书可以为个人提供更好的就业机会和工作条件，因为企业通常会优先考虑持有建筑师资格证书的人员。

职业资格证书在德国职业教育中具有重要的地位和作用，通过评估个人在特定职业领域的专业能力，帮助个人提升专业素养和技能，从而为个人的职业发展和职业保障提供了支持。同时，职业资格证书也有助于确立职业标准和规范，促进行业的发展和进步。

五、小结

德国的"双元制"职业教育模式在很大程度上促进了高素质技术技能人才的培养和就业。通过学校与企业的紧密合作，学生能够在实际工作中学习和实践，获得与实际需求相匹配的技能和经验。这种培养模式不仅提高了学生的就业竞争力，也满足了企业对高素质技术技能人才的要求。同时，德国的职业教育还注重理论与实践相结合，培养学生实际操作的能力和解决问题的能力，使他们能够适应不同的工作环境和需求。

德国的"双元制"职业教育模式在其他国家也具有一定的借鉴意义。通过与企业的合作，学校可以更好地了解企业的需求，为学生提供与实际工作相符合的培训和教育。同时，学生也能够通过实践培训获得实际工作经验，提高就业竞争力。因此，其他国家可以借鉴德国的"双元制"职业教育模式，推动高素质技术技能人才的培养和就业，促进经济发展和社会进步。

第三节　美国的"学徒制"培养模式

美国的学徒制度是一种结合学习和工作的培养模式，学生在工作中学习相关技能，并由经验丰富的师傅进行指导和培训。这种培养模式使学生在实际工作中不断提升自己的技能，并逐步获得更高的职业资格。

一、"学徒制"的职业培训模式

"学徒制"是一种结合实践和理论学习的职业培训模式，旨在培养具备特定技能和知识的工人。学徒通常会在一位经验丰富的师傅指导下参与实际工作，并逐步掌握相关技能。同时，学徒还会参加相关的课堂学习，学习与工作相关的理论知识和技能。在美国，"学徒制"不仅仅是传统的学习方式，还是一种更加综合和有效的培训方法，被广泛应用于各个行业，如建筑、制造、医疗等。实践是"学徒制"的重要组成部分，与传统的理论学习方式相比，"学徒制"能够更好地培养学生的实际操作能力，并使他们更好地适应职业发展的需求。

"学徒制"在美国的各个行业中都有广泛的应用。例如，在建筑行业，"学徒制"被用于培养瓦工、木工和电工等各种职业的工人。学徒会在实际的建筑工地上与师傅一起工作，学习如何进行具体的建筑工作。他们会亲自参与到建筑项目中，学习如何正确使用工具和材料、如何进行测量和布局，以及如何解决在实际施工中遇到的问题。通过这种实践性的学习方式，学徒能够更好地理解和掌握建筑行业的实际操作技能，并逐渐成长为熟练的工人。在制造业中，学徒会在实际的生产线上与师傅一起工作，学习如何操作和维护各种机械设备。他们会学习如何进行设备的调试和故障排除、如何进行生产线的优化和改进，以及如何确保产品的质量和生产安全。通过这种充满实践性的学习方式，学徒能够获得实际的工作经验和专业技能，成为制造业中不可或缺的高素质工人。在医疗行业，学徒会在实际的医疗环境中与经验丰富的专业人士一起工作，学习如何进行各种医疗操作和诊断。他们会亲身参与到医疗团队中，学习如何与患者进行沟通和协作、如何进行医疗记录和药物管理，以及如何应对紧急情况和处理突发事件。通过这种富有实践性的学习方式，学徒能够更好地理解和掌握医疗行业的实际操作技能，并成为专业的医疗人员。

通过实践和理论的结合，"学徒制"能够培养学生在特定职业领域的实际能力和技能。通过"学徒制"，学生能够更好地理解和掌握所学的知识与技能，并逐渐成长为熟练的工人或专业人士。"学徒制"为学生提供了一种获取实际工作经验和专业技能的途径，并为各行各业培养出了更多高素质的人才。

二、"学徒制"的核心理念

"学徒制"是一种独特的职业培训模式，其核心理念是通过实际工作和理论学习的结合，培养学生在特定职业领域的实际能力和技能。这种培训模式不仅是传统的学习方式，还是一种更加综合和有效的方法，可以帮助学生更好地满足职业发展的需求。

在"学徒制"中，实际工作是学生获得实践经验和技能的重要途径。学徒会在实际工作环境中与经验丰富的师傅一起工作，参与实际的项目和任务。除了实际工作，理论学习也是"学徒制"的重要组成部分。学徒会参加相关的课程学习，学习与实际工作相关的理论知识和技能。这些课程包括工艺和技术知识、安全和质量控制、职业道德和沟通技巧等。通过理论学习，学徒能够更好理解和应用概念与原理。"学徒制"会为学徒提供个性化的培训和指导，每个学徒都会有一位经验丰富的师傅指导他们的学习和工作。"学徒制"的一个优势是提高学生的就业竞争力。除了获得工作经验和提高专业技能，学生还可以获得相关职业的认可和证书，这可以帮助他们在就业市场上脱颖而出，获得更好的职业机会和职业发展。

三、"学徒制"的重要作用

（一）"学徒制"帮助学生和工人获得实际工作经验

"学徒制"不仅是一种培训模式，更是一种能够满足行业需求、提高就业竞争力的教育体系。"学徒制"在美国的职业教育和培训中发挥着重要作用，为学生和工人提供了一种获取实际工作经验与专业技能的途径。

通过参与实际工作，学徒可以了解和适应特定职业领域的工作环境与要求。他们可以在实际工作中学习和应用相关的技能与知识，获得宝贵的工作经验。这种富有实践性的学习方式可以使学生更加贴近实际工作，更好地理解和应用所学的知识。例如，在美国的制造业，"学徒制"被广泛应用于培养高技能工人，如焊接工、机械师等。通过"学徒制"，这些工人可以获得实际工作经验和相关技能的培训，提高他们的工作能力和适应行业发展的能力。

（二）"学徒制"提供个性化的培训和指导

美国的"学徒制"在职业教育和培训中扮演着重要角色，其中一个重要优势是能够提供个性化的培训和指导。这种个性化的培训和指导可以根据学徒的需求与兴趣，制订相应的培训计划，并提供有针对性的指导和支持。这种个性化的培训和指导有助于学徒更好地适应特定职业领域的要求，并提高他们的学习效果和工作能力。

1. 个性化的培训和指导根据学徒的学习需求制订相应的培训计划

每个学徒都有自己的学习需求和兴趣，个性化的培训计划可以更好地满足学徒的学习需求。师傅会与学徒进行详细的沟通，了解他们的学习目标、强项和弱点。师傅会根据这些信息制订个性化的培训计划，帮助学徒更好地运用他们的技能和知识。例如，在美国的汽车维修行业，"学徒制"被广泛应用于培养汽车技术人员。师傅会根据学徒的学习能力，制订个性化的培训计划。对机械方面感兴趣的学徒，师傅可能会安排他们参与更多的车辆维修和诊断工作；对电子方面感兴趣的学徒，师傅可能会安排他们参与更多的电子系统维修和故障排除工作。通过个性化的培训计划，学徒可以更好地应用他们的技能和知识，提高他们的工作能力。

2. 个性化的培训和指导提供有针对性的指导与支持

师傅会根据学徒的学习进展和工作表现，提供有针对性的指导和支持。师傅会密切关注学徒的学习情况，及时给予反馈和指导。他们会帮助学徒解决遇到的问题，并提供实用的建议和技巧。这种有针对性的指导和支持可以帮助学徒更好地理解与应用所学的知识和技能。例如，在美国的厨师学徒制度中，师傅会观察学徒的烹饪情况和工作表现，并及时给予反馈和指导。他们会教学徒如何正确使用烹饪工具和材料、如何掌握烹饪技巧和调味方法。通过这种有针对性的指导和支持，学徒可以更好地提高他们的烹饪技能，并逐步成长为熟练的厨师。

3. 个性化的培训和指导帮助学徒发展其个人的兴趣与潜力

每个学徒都有自己的兴趣和潜力，个性化的培训和指导可以帮助他们更好地发展自己的优势与特长。师傅会鼓励学徒发展自己的兴趣，并提供相应的培训和指导。这种个性化的培训和指导可以激发学徒的学习热情与动力，帮助他们更好地规划自己的职业生涯。例如，在美国的舞蹈学徒制度中，师傅帮助学徒掌握舞蹈技巧和提高艺术表现力。师傅会根据学徒的潜力，制订个性化的培训计划，并提供相应的指导和支持。通过这种个性化的培训和指导，学徒可以更好地发展自己的舞蹈技巧和艺术潜力，成为优秀的舞者。

美国的"学徒制"有助于学徒更好地适应特定职业领域的要求，并提高他们的学习效果和工作能力。通过"学徒制"的个性化培训和指导，学徒可以发展其个人的兴趣与潜力，激发学习热情和动力，从而更好地发展自己的职业生涯，提高自己的就业竞争力。

（三）"学徒制"可以提高学生和工人的就业竞争力

美国的"学徒制"在职业教育和培训中发挥着重要作用，其中一个重要的优势是能够提高学生和工人的就业竞争力。"学徒制"通过提供实际工作经验和专业技能的培训，使学生和工人在就业市场上更具竞争力。这种提高就业竞争力的效果主要体现在以下几个方面。

1. "学徒制"培养的学生和工人具备实际工作经验

在"学徒制"中，学生和工人会在实际工作环境中与经验丰富的师傅一起工作，参与实际的项目和任务。他们会亲身体验和应用所学的知识与技能，从而更好地理解和掌握相关的职业要求。这种富有实践性的学习方式使学生和工人在就业市场上具备实际工作经验的优势。通过"学徒制"，学生和工人可以获得实际工作经验，证明自己在实际工作中的能力和表现，从而提高他们在就业市场上的竞争力。

2. "学徒制"培养的学生和工人具备专业技能

"学徒制"通过实践和理论的结合，培养学生和工人在特定职业领域的实际能力与技能。学生和工人在实际工作中学习与应用相关的技能和知识，并逐步掌握职业要求的技术和操作方法。这种专业技能的培养使学生和工人在就业市场上具备专业技能的竞争优势。例如，在美国的电子行业，"学徒制"被广泛应用于培养电子技术人员。在实际的电子工作环境中，师傅通过一起工作指导学徒学习如何进行电路设计、组装和维修。通过"学徒制"，学徒可以获得相关职业的认可和证书，证明自己具备专业的电子专业技能，提高他们在就业市场上的竞争力。

3. "学徒制"培养的学生和工人获得行业认可与证书

通过"学徒制"，学生和工人可以获得相关职业的认可与证书，证明自己具备相关职业的技能和能力。这些行业认可与证书可以使学生和工人在就业市场上脱颖而出，获得更好的就业机会和职业发展。通过"学徒制"获得的行业认可和证书可以证明学生与工人在实际工作中的能力和表现，提高他们在就业市场上的竞争力。例如，在美国的美容行业，"学徒制"被广泛应用于培养美容师。学徒会在实际的美容工作环境中与师傅一起工作，学习如何进行美容护理和化妆，获得相关职业的认可和证书，证明自己具备专业的美容技能，提高他们在就业市场上的竞争力。

4. "学徒制"培养的学生和工人具备综合能力

"学徒制"注重学生和工人的全面发展，培养他们的综合能力。"学徒制"不仅仅关注技术和操作技能，还注重培养学生和工人的沟通能力、团队合作能力、问题解决能力等综合能力。这些综合能力对于学生和工人在就业市场上的竞争力至关重要。雇主更加重视个人的综合能力，而不仅仅是专业技能。通过"学徒制"培养的学生和工人具备综合能力的优势，可以更好地适应职业发展的需求，能够提高他们在就业市场上的竞争力。例如，在美国的销售行业，"学徒制"被广泛应用于培养销售人员。学徒会在实际的销售工作环境中与师傅一起工作，学习如何使用销售技巧和进行客户关系管理。通过"学徒制"，他们可以获得相关职业的认可和证书，证明自己具备综合的销售能力，提高他们在就业市场上的竞争力。

"学徒制"培养的学生和工人具备实际工作经验、专业技能、行业认可与证书以及综合能力等优势，可以提高他们在就业市场上的竞争力。这使得学生和工人能够更好地适应职业发展的需求，获得更好的职业机会和职业发展。"学徒制"为美国各行各业培养出更多高素质的人才，推动职业发展和经济增长。

四、小结

美国的"学徒制"培养模式是一种结合实践和理论学习的职业培训

模式。"学徒制"通过实际工作和理论学习的结合，培养学生在特定职业领域的实际能力和技能。"学徒制"在美国的职业教育和培训中发挥着重要作用，可以帮助学生和工人获得实际工作经验，提供个性化的培训和指导，提高其就业竞争力，满足行业对高素质工人的需求。通过"学徒制"，美国为学生和工人提供了一种获取实际工作经验与专业技能的途径，促进他们的职业发展。

第四节　新加坡的"技能认证"制度

新加坡实行全面的"技能认证"制度，通过对技能的评估和认证，为学生提供了灵活的学习和职业发展路径。学生可以根据自己的兴趣和能力选择不同的技能认证课程，提高自己的技能水平，并获得相应的职业资格证书。

一、"技能认证"制度是新加坡职业教育和培训的重要组成部分

"技能认证"制度在新加坡的职业教育和培训中发挥着重要作用，通过为学生和从业人员提供标准化的技能评估和认证，可以确保他们具备所需的职业技能。新加坡的"技能认证"制度旨在提升劳动力的技能水平和就业竞争力。学生和从业人员根据自己的兴趣和职业规划选择进行相应的技能认证，获得专业技能的认可和证书。这些认证可以帮助他们在就业市场上脱颖而出，获得更好的就业机会和职业发展。比如新加坡的酒店行业，因为对员工的服务质量和专业技能要求较高，所以在招聘人才时，不仅竞聘人员竞争压力大，酒店择才也相对麻烦。此时"技能认证"制度就发挥了重要作用。获得酒店服务和管理方面专业技能认可与证书的人才能够获得更好的职业发展和晋升机会。同时，酒店企业可以参考员工技能认证的情况，选拔和培养具备专业技能的人才，提高服务质量和客户满意度。可以看出，新加坡的"技能认证"制度为雇主提供了一个可靠的人才

选拔和招聘的依据。同时,"技能认证"制度也为雇主提供了一个参考,选择具备特定技能的人才,满足企业的需求和发展。

在新加坡,"技能认证"制度并不仅局限于特定行业,而是广泛应用于各个领域。例如,在建筑行业,技能认证可以帮助工人获得相关的技能认可和证书,提升他们在建筑工地上的工作能力和安全意识;在信息技术行业,技能认证可以帮助专业人员证明自己在特定领域的技术能力,提高他们在就业市场上的竞争力。通过技能认证,个人可以获得专业技能的认可和证书,增加自己的就业机会和拓宽职业发展空间。

二、"技能认证"制度的核心理念是以能力为导向

新加坡的"技能认证"制度的核心理念是以能力为导向,强调个人的实际能力和技能。这意味着"技能认证"制度确保了对个人技能的客观评估和认可,而不仅仅是学历和学术成绩。与传统的学历认证相比,技能认证更注重个人在实际工作中的表现和技能应用能力,能够更加准确地评估个人在特定领域的实际能力。在这个制度下,个人可以通过参加标准化的技能评估和认证,展示自己在特定职业领域的实际操作技能和解决问题的能力,证明自己在特定职业领域具备所需的技能。这些评估和认证通常由独立的认证机构或专业机构进行,更加准确地反映个人的实际能力水平,以确保评估的客观性和公正性。

(一)以能力为导向的认证制度提高个人的就业竞争力

现代社会,仅仅依靠学历和学术成绩来选择员工往往无法满足企业的招聘要求,雇主更加重视个人实际能力和技能的应用能力。通过参加技能认证,个人可以获得专业技能的认可和证书,这可以帮助他们在就业市场上脱颖而出。

(二)以能力为导向的认证制度提高职业教育和培训的质量与效果

以能力为导向的认证制度要求个人需要参加标准化的技能评估和认证,这要求他们真正掌握和应用所学的技能。这种评估和认证的要求促使学校与培训机构更加注重培养学生的实际操作能力和解决问题的能力。学校和培训机构可以根据技能认证的要求,调整教学内容和教学方法,更好

地培养学生的职业技能。

（三）以能力为导向的认证制度促进个人的终身学习和职业发展

技能认证不是一个单次的评估过程，而是一个持续的学习和发展过程。通过参加技能认证，个人可以不断提升自己的技能水平和职业素养。在新加坡，"技能认证"制度为个人提供了各种不同级别和领域的技能认证服务，个人可以根据自己的兴趣和职业规划选择参加相应的认证。这种终身学习的职业发展模式可以帮助个人不断适应职业发展的需求和变化，提升自身的就业竞争力和拓宽职业发展空间。

以能力为导向的新加坡的"技能认证"制度可以更加准确地评估个人的实际能力水平，提高个人的就业竞争力，提高职业教育和培训的质量与效果，促进个人的终身学习和职业发展。通过技能认证，个人能够增加自己的就业机会和拓宽职业发展空间。新加坡这种以能力为导向作为核心理念的认证制度在不同行业中都有广泛应用，为个人和企业提供了有力的支持。

三、"技能认证"制度在新加坡的职业教育和培训中发挥着重要作用

"技能认证"制度为学生和从业人员提供了一个机会，通过参加技能评估和认证，可以提升自己的技能水平和就业竞争力。学生可以根据自己的兴趣和职业规划选择参加相应的技能认证，获得专业技能的认可和证书。

新加坡的"技能认证"制度在职业教育和培训中发挥着重要作用。这个制度通过为个人提供标准化的技能评估和认证，确保他们具备所需的职业技能，并为他们提供更好的就业机会和职业发展机会。

（一）"技能认证"制度在职业教育中起到了关键作用

在学校教育中，技能认证可以帮助学生将所学的理论知识与实际技能相结合。例如，在新加坡的高等教育机构中，学生可以参加与自己专业相关的技能认证，如工程技术、酒店管理等。通过这些认证，学生可以将所学的理论知识应用到实际操作中，并获得专业技能的认可和证书。这种具有实践性的学习方式可以提高学生的职业竞争力，使他们更好地适应职业发展的需求。

(二)"技能认证"制度在职业培训中起到了重要作用

在新加坡，有许多培训机构和专业机构提供各种职业培训课程，如餐饮服务、IT技术等。这些培训课程通常与特定的技能认证相挂钩，参与培训的个人可以通过参加技能评估和认证，获得专业技能的认可和证书。

(三)"技能认证"制度为个人提供了一个持续学习和获得职业发展的机会

在新加坡，"技能认证"制度不仅仅局限于特定的学历阶段或职业起点，而是一个持续的学习和发展过程。个人可以根据自己的兴趣与职业规划选择参加不同级别和领域的技能认证。通过参加技能认证，个人可以不断提升自己的技能水平和职业素养，以适应职业发展的需求和变化。例如，在新加坡的建筑行业，技能认证可以帮助工人不断地参加技能认证，个人可以不断地提高自己的技能水平，增加自己的就业机会和拓宽职业发展空间。

新加坡的"技能认证"制度在职业教育和培训中发挥着重要作用。它为个人提供了一个机会，通过参加技能评估和认证，可以提升自己的技能水平和就业竞争力。"技能认证"制度在学校教育和职业培训中起到了关键的作用，帮助个人将理论知识与实际技能相结合，并获得专业技能的认可和证书。此外，"技能认证"制度还为个人提供了持续学习和获得职业发展的机会，使他们能够适应职业发展的需求和变化。同时，技能认证也为雇主提供了一个可靠的人才选拔和招聘的依据，提高了人才选拔的准确性和效率。

四、"技能认证"制度为雇主提供可靠的人才选拔和招聘的依据

新加坡的"技能认证"制度不仅对个人的职业发展具有重要意义，也为雇主提供了一个可靠的人才选拔和招聘的依据。雇主可以参考个人的技能认证证书，评估其在特定职业领域的能力和技能。这样可以减少雇主在招聘过程中的不确定性和风险，提高人才选拔的准确性和效率。同时，技能认证也为雇主提供了一个参考，选择具备特定技能的人才，满足企业的

需求。

（一）"技能认证"为雇主提供了一个客观的评估标准

在招聘过程中，雇主通常需要评估候选人的能力和技能，以确定其是否适合特定职位。传统的招聘方法主要依赖于面试和简历，但这些方法往往只能提供有限的信息。而技能认证提供了一个更加客观和准确的评估方式。通过参加技能认证，候选人需要参与标准化的技能评估，这样雇主可以更好地了解候选人的实际能力和技能水平。例如，一个IT公司在招聘软件开发人员时，可以参考候选人的相关技能认证证书，评估其在特定编程语言和开发工具上的能力。这样可以帮助雇主更好地判断候选人是否具备所需的技能，提高招聘的准确性和效率。

（二）"技能认证"减少雇主在招聘过程中的风险

招聘一个不合适的员工可能会对企业的运营和发展产生负面影响。技能认证为企业提供了一个可靠的依据，可以帮助雇主更好地评估候选人的能力和技能，减少招聘失败的风险。通过参加技能认证，候选人需要经过严格的评估和认证，这可以提高雇主对候选人的信心。例如，在酒店行业，一个酒店企业在招聘前台接待员时，可以要求候选人参加相关的技能认证，以评估其在客户服务和沟通技巧方面的能力。这样可以帮助雇主筛选出具备专业技能和服务素质的候选人，降低招聘到不适格员工的风险。

（三）"技能认证"帮助雇主更好地了解候选人的职业发展和学习能力

参加技能认证，候选人需要持续学习和提升自己的技能水平。这可以反映出候选人的学习态度和职业发展意愿。雇主可以通过候选人的技能认证记录，了解其在特定领域的持续学习和发展情况。例如，在IT行业，一个软件公司在招聘技术人员时，可以参考应聘人员的技能认证记录，评估其在不同领域的学习和发展情况。这样可以帮助雇主选择具备持续学习和适应变化能力的应聘人员，满足企业的需求和发展。

（四）"技能认证"为雇主提供个参考，选择具备特定技能的人才，满足企业的需求

在现代社会中，技术和技能的发展非常迅速，雇主需要选择具备特定技能的人才，以适应市场需求和竞争环境。技能认证可以帮助雇主筛选出具备特定技能的应聘人员，满足企业的需求。例如，在新加坡的制造业，一个汽车制造公司在招聘装配工人时，可以参考应聘人员的相关技能认证，评估其在机械装配和质量控制方面的能力。这样可以帮助雇主选择具备特定技能的人，提高该公司的生产效率和产品质量。

新加坡的"技能认证"制度为雇主提供了一个可靠的人才选拔和招聘的依据。技能认证为雇主提供了一个客观的评估标准，帮助雇主更好地了解应聘人员的实际能力和技能水平。参加技能认证，应聘人员经过严格的评估和认证，这可以减少就业失败的风险。技能认证还可以帮助雇主了解应聘人员的职业发展和学习能力，并为雇主提供一个参考，选择具备特定技能的人才，满足企业的需求。通过技能认证，雇主可以更好地评估应聘人员人的能力和技能，降低招聘过程中的不确定性和风险，提高招聘的准确性和效率。

五、小结

新加坡的"技能认证"制度是一种以能力为导向的职业教育和培训制度。它通过为个人提供标准化的技能评估和认证，可以确保他们具备所需的职业技能，并为他们提供更好的就业机会和职业发展机会。这个制度在新加坡的职业教育和培训中发挥着重要作用，可以帮助个人提升技能水平和就业竞争力，同时可以为雇主提供可靠的人才选拔和招聘依据。"技能认证"制度在不同行业中都有广泛的应用，为个人和企业提供了有力的支持。

第五节 挪威的"职业导航"服务

挪威开展了"职业导航"服务，通过职业咨询师为学生提供职业规划和发展建议。"职业导航"服务可以帮助学生了解自己的兴趣和能力，并为他们提供相关的职业信息和培训建议，帮助他们做出正确的职业选择。

一、"职业导航"服务为个人提供职业发展规划和就业指导

(一)通过职业咨询指导个人职业决策

挪威的"职业导航"服务通过职业咨询可以帮助个人了解自己的职业倾向和潜力,旨在帮助个人了解自己的职业兴趣和能力,制定职业目标,并提供相关的培训和就业机会。在挪威,个人可以通过预约或在线咨询的方式,与专业的职业咨询师进行交流和讨论。职业咨询师会与个人一起探讨他们的兴趣、价值观、技能和经验,帮助他们了解适合自己的职业方向。假设一个人对社会工作领域有浓厚的兴趣,但不确定自己是否适合从事这个职业。通过与职业咨询师的交流,个人可以了解社会工作的职责和要求,以及相关的职业前景。职业咨询师会帮助个人评估自己的技能和兴趣是否与社会工作相匹配,并提供个性化的建议和指导,帮助个人做出是否选择社会工作作为职业的决策。

(二)通过培训与教育资源提升个人专业能力

挪威的"职业导航"服务提供了一系列的培训和教育资源,帮助个人提升职业技能和知识水平。个人可以参加职业导向的学习课程、培训和工作坊,以提高自己在特定领域的技能。这些培训和教育资源旨在满足个人的职业发展需求,并提供实际的工作经验和实践机会。比如一个人可能对计算机编程感兴趣,并希望在这个领域发展自己的职业。通过挪威的"职业导航"服务,个人可以参加计算机编程的培训课程,学习相关的编程语言和技术。此外,个人还可以参与实际的编程项目,获得实践经验,并与行业专家进行交流和互动。这些培训和实践机会可以帮助个人提升自己的编程技能,并为将来的就业做好准备。

(三)通过活动或展览提供个人与雇主、专家联系的机会

除了职业咨询和培训外,挪威的"职业导航"服务还提供了与雇主和行业专家联系的机会。个人可以参加职业导向的活动和展览,与雇主和行业专家进行交流和互动。这种交流和互动可以帮助个人了解不同行业的就业机会与要求,并建立有用的人际关系网络。挪威经常举办职业导向的展览,这种展览活动能吸引许多雇主和行业专家参与。个人可以在展览上与雇主和行业专家进行面对面的交流,了解不同行业的工作机会和要求。

他们可以向雇主提问，了解他们对招聘的期望和要求，以及行业的发展趋势。这种交流和互动为个人提供了更多的就业机会与职业发展的可能性。

综上所述，挪威的"职业导航"服务是一种为个人提供职业发展机会和就业指导的全面支持体系。通过职业咨询、培训和教育资源，个人可以了解自己的职业兴趣和能力，制定职业目标，并获得相关的培训和就业机会。此外，与雇主和行业专家的交流和互动可以为个人提供更多的就业机会与职业发展的可能性。这种以个人为中心的"职业导航"服务在挪威的职业发展中起到了重要作用。

二、"职业导航"服务由政府和教育机构合作提供

挪威的"职业导航"服务是由政府和教育机构合作提供的一个重要支持体系。挪威的"职业导航"服务涵盖了从学生到职业人士的整个职业生涯阶段，旨在为个人提供全面的职业发展机会和就业指导，帮助其更好地了解自己的职业兴趣和能力，制定职业目标，并提供相关的培训和就业机会。挪威的"职业导航"服务向个人提供多种资源和工具，帮助其探索不同的职业领域，了解自己的兴趣和能力，并制订适合自己的职业规划。

（一）政府和教育机构在"职业导航"服务中扮演着重要角色

挪威政府通过设立相关的机构和部门，负责管理这项服务。这些机构和部门与教育机构合作，共同制定并实施职业导航的政策和计划。政府还提供资金支持，以确保这项服务能够顺利运行。

教育机构也是挪威"职业导航"服务的重要组成部分。学校和职业培训机构与政府合作，为个人提供职业发展规划和就业指导。这些教育机构通过课程设置、实践机会和职业指导服务，帮助个人了解不同职业领域的要求和机会，并为他们制订适合自己的职业规划。

举个例子，一个学生可能在高中阶段对医学领域有浓厚的兴趣。学校可以提供相关的学科课程和实验室实践机会，帮助学生了解医学的基本知识和技能。此外，学校还可以组织职业导向的活动，邀请医生和医疗专家与学生进行交流和互动。这些活动可以帮助学生了解医学领域的就业机会和要求，并为他们未来的职业规划提供指导。

（二）政府和教育机构合作提供了一系列的职业导航工具与资源

个人可以通过在线平台、应用程序和指南等途径，获得有关职业发展和就业市场的信息。这些工具与资源提供了详细的职业信息、培训机会和就业趋势，可以帮助个人了解不同职业的需求和发展前景。

举个例子，一个人可能对环境保护领域有兴趣，并希望在这个领域找到一份职业。通过挪威的"职业导航"服务，个人可以查看相关的职业资讯，了解环境保护的工作内容和技能要求，获得有关环境保护的培训课程和实践机会的信息，以帮助他们提升自己在这个领域的竞争力。

（三）政府和教育机构合作提供了职业咨询与指导服务

个人可以通过预约或在线咨询的方式，与专业的职业咨询师进行交流和讨论。职业咨询师会与个人一起探讨他的兴趣、价值观、技能和经验，帮助他了解自己的职业倾向和潜力。职业咨询师还会提供个性化的建议和指导，帮助个人制定适合自己的职业规划。

举个例子，一个人可能对艺术和设计领域有兴趣，但不确定自己是否适合从事这个职业。通过与职业咨询师的交流，个人可以了解艺术和设计领域的职业要求与发展机会。职业咨询师会帮助个人评估自己的技能和兴趣是否与艺术和设计领域相匹配，并提供相关的建议和指导，帮助个人做出是否选择艺术和设计领域为职业的决策。

综上所述，挪威的"职业导航"服务由政府相关机构或部门专项负责，教育机构帮助个人制订适合自己的职业规划，政府和教育机构合作帮助个人获取有关职业发展和就业市场的信息。这种政府和教育机构合作的"职业导航"服务在挪威的职业发展中发挥着重要作用。

三、"职业导航"服务的核心是职业咨询

职业咨询是一项为个人提供职业发展机会和就业指导的重要支持。通过预约或在线咨询的方式，个人可以与专业的职业咨询师进行交流和讨论，探索自己的职业兴趣和能力，制定职业目标，并获得相关的建议和指导。

职业咨询师在挪威的"职业导航"服务中扮演着关键角色。他们是经过专业培训和认证的专家，具有丰富的职业咨询经验。他们与个人一起探

讨他的兴趣、价值观、技能和经验，帮助他了解自己的职业倾向和潜力。职业咨询师还会提供相关的职业信息和就业市场的动态，帮助个人做出明智的职业决策。假设一个人对教育领域有浓厚的兴趣，但不确定自己是否适合从事这个职业。通过与职业咨询师的交流，个人可以了解教育领域的职业要求和发展机会。职业咨询师会帮助个人评估自己的技能和兴趣是否与教育领域相匹配，并提供相关的建议和指导，帮助个人做出是否选择教育行业作为职业的决策。

职业咨询的过程通常包括以下几个步骤：

第一，职业咨询师会与个人进行初步的面谈，了解个人的背景、兴趣和目标。职业咨询师会询问个人的职业经历、教育背景和工作经验，以便更好地了解个人的职业背景和发展需求。

第二，职业咨询师会与个人进行深入的讨论，探索个人的职业兴趣和能力。职业咨询师会询问个人对不同职业领域的看法和兴趣，了解个人的价值观和动机。此外，职业咨询师还会评估个人的技能和经验，以确定个人在特定领域的职业潜力。在这个过程中，职业咨询师会使用不同的工具和方法来帮助个人了解自己的职业倾向与潜力。职业咨询师可能使用职业兴趣测试，帮助个人确定其对不同职业领域的感兴趣程度。职业咨询师还可能使用个人评估工具，评估个人的技能和能力，并与个人讨论他们的职业发展需求。

基于这些讨论和评估的结果，职业咨询师会为个人制定个性化的职业规划；会提供相关的职业信息和就业市场的动态，帮助个人了解不同职业的需求和发展前景；还会与个人讨论可能的职业路径和发展机会，并提供相关的建议和指导。

举个例子，一个人可能对市场营销领域有兴趣，并希望在这个领域发展自己的职业。通过与职业咨询师的交流，个人可以了解市场营销领域的职业要求和发展机会。职业咨询师会帮助这个人评估自己的技能和兴趣是否与该领域相匹配，并为他制定个性化的职业规划。职业咨询师可能建议他参加相关的市场营销培训课程，获得实践经验，并与行业专家进行交流和互动。

综上所述，挪威的"职业导航"服务的核心是职业咨询。通过与专业职业咨询师的交流和讨论,个人可以了解自己的职业倾向和潜力,并制定适合自己的职业规划。职业咨询师通过提供相关的职业信息和就业市场的动态,帮助个人做出明智的职业决策。这种以个人为中心的职业咨询过程在挪威的"职业导航"服务中发挥着重要作用。

四、"职业导航"服务提供一系列的培训和教育资源

挪威的"职业导航"服务不仅提供职业咨询,还提供丰富的培训和教育资源,帮助个人提升职业技能和知识水平。这些资源旨在满足个人的职业发展需求,并为他们提供实际的工作经验和实践机会。

(一)通过职业导向的学习课程帮助个人提升职业技能和知识水平

这些课程旨在满足不同职业领域的需求,涵盖了广泛的主题和技能。个人可以选择参加与自己感兴趣或希望发展的职业相关的课程,以提高自己在特定领域的竞争力。

举个例子,一个人可能对酒店管理有兴趣,并希望在这个领域发展自己的职业。通过挪威的"职业导航"服务,个人可以参加酒店管理的学习课程,学习有关酒店运营、客户服务和团队管理等方面的知识与技能。这些课程可以帮助个人了解酒店管理的工作要求和职责,并提供实践机会,让个人在实际工作环境中应用所学知识。

(二)提供培训和工作坊,帮助个人提升特定领域的技能和能力

这些培训和工作坊通常由行业专家或相关机构提供,以确保培训内容的专业性和实用性。个人可以参加与自己感兴趣或希望发展的领域相关的培训和工作坊,以提高自己在该领域的专业能力。

举个例子,一个人可能对数字营销有兴趣,并希望在这个领域发展自己的职业。通过挪威的"职业导航"服务,个人可以参加数字营销的培训和工作坊,学习有关搜索引擎优化、社交媒体营销和在线广告等方面的知识与技能。这些培训和工作坊可以帮助个人了解数字营销领域的最新趋势与技术,并提供实践机会,让个人在实际项目中应用所学知识。

(三)提供实践机会,帮助个人获得实际的工作经验

个人可以参与实习项目、实践项目或志愿者工作,与行业专家合作,

获得实际的职业经验和实践机会。这些实践机会可以帮助个人将所学知识应用到实际工作中，培养其实际工作所需的技能和能力。

举个例子，一个人可能对社区发展工作有兴趣，并希望在这个领域获得实践经验。通过挪威的"职业导航"服务，个人可以获得参与社区发展项目的实践机会，与社区组织合作，参与社区活动和项目。这些实践机会可以帮助个人了解社区发展的实际工作要求和挑战，并提供机会与行业专家进行交流。

综上所述，挪威的"职业导航"服务提供了丰富的培训和教育资源，帮助个人提升职业技能和知识水平。通过职业导向的学习课程、培训和工作坊，个人可以学习与自己感兴趣或希望发展的职业相关的知识和技能。此外，实践机会可以让个人获得实际的工作经验，培养实际工作所需的技能和能力。这些培训和教育资源为个人的职业发展提供了有力支持。

五、"职业导航"服务提供了与雇主和行业专家的联系机会

（一）为个人提供现实场地中与雇主、行业专家联系的机会

挪威的"职业导航"服务通过各种，如行业展览会、职业展示会、工作研讨会等，能为个人提供与雇主和行业专家联系的机会，促成个人与雇主和行业专家进行交流和互动。这种交流和互动可以帮助个人了解不同行业的就业机会与要求，建立有用的人际关系网络，获得有关就业机会、行业趋势和职业发展的实际信息。在这些活动中，通过面对面交流，个人能够了解雇主或专家有关领域就业机会和发展趋势，了解不同公司的招聘需求和职位要求，与行业专家讨论技术趋势和职业发展路径。举个例子，一个人可能对信息技术有兴趣，并希望了解该领域。通过挪威的"职业导航"服务，个人可以参加信息技术行业的展览会或职业展示会，与雇主和行业专家交流。

（二）为个人提供网络和社交媒体中与雇主、行业专家联系的机会

挪威的"职业导航"服务提供了与雇主和行业专家的网络和社交媒体联系的机会。个人可以通过在线平台、社交媒体和专业网络，与雇主和行业专家建立联系，并了解他们的公司、行业和职业机会。个人可以参与行

业相关的讨论和活动,与雇主和行业专家交流,并获得实际的就业信息和建议。

举个例子,一个人可能对老年人护理有兴趣,并希望了解该领域的雇主和职业机会。通过挪威的"职业导航"服务,个人可以加入老年人护理领域的专业网络和社交媒体群组,与雇主和行业专家建立联系。个人可以参与相关的讨论和活动,了解不同公司的项目和职位空缺,并与行业专家进行交流,获得实际的就业信息和建议。

(三)为个人提供与雇主和行业专家的实习和实践机会

个人可以通过实习项目或实践机会,与雇主和行业专家进行合作,并获得实际的工作经验和职业发展机会。这些实习和实践机会可以帮助个人建立与雇主、行业专家的联系,并为他们未来的就业提供有力背景。

举个例子,一个人可能对市场营销领域有兴趣,并希望获得与市场营销公司合作的实习机会。通过挪威的"职业导航"服务,个人可以参与市场营销实习项目,与市场营销公司合作,获得实际的市场营销经验。个人可以与公司的雇主和行业专家合作,了解市场营销行业的最新趋势和实践,与他们建立联系,并为将来的就业做好准备。

综上所述,挪威的"职业导航"服务提供了与雇主和行业专家的联系机会,帮助个人获得有关就业机会、行业趋势和职业发展的实际信息。通过职业导向的活动,个人可以与雇主和行业专家面对面交流。通过在线平台、社交媒体和专业网络,个人可以与雇主、行业专家建立联系。通过实习和实践机会,个人可以与雇主和行业专家合作,并获得实际的工作经验和职业发展机会。这些联系机会为个人的职业发展提供了有力支持。

六、小结

挪威的"职业导航"服务为个人提供了全面的职业发展规划和就业指导支持。通过职业咨询、培训和教育资源,个人可以了解自己的职业兴趣和能力,制定职业目标,并获得相关的培训和就业机会。这项服务有助于个人更好地规划自己的职业道路,实现个人的职业目标。同时,它也为雇主提供了更好的人才匹配和招聘支持,促进了整个就业市场的发展。

以上这些案例和方案都具有一定的先进性与可借鉴性，通过不同的培养模式和机制，有效地提高了高素质技术技能人才的培养质量和就业竞争力。在实际应用中，可以根据具体的地区和行业特点，结合自身的资源和条件，借鉴这些先进案例和方案，以推动高素质技术技能人才的培养和发展。

结　　语

　　当代世界的社会、经济、文化、技术发展迅猛，随着科技的快速发展和社会的不断变革，全球化的浪潮带动了国际贸易和资本流动，也促进了知识和人才的国际流动。同时，科技进步和经济发展呈现出跨国界、跨地域与跨学科的特征。在这样的大背景下，高素质技术技能人才的需求也发生了重大变化，由此使得高素质技术技能人才的培育成为现代社会的迫切需求和重要任务。

　　本书从人才培养背景出发，讨论了当代高素质技术技能人才培育的政策背景、社会背景和时代背景；就高素质技术技能人才的内涵、培育范式的内涵、人才培育的困境展开了分析，从而为构建高素质技术技能人才培育范式提供了理论支持；接着，考虑到我国现实需求，本书侧重于高素质技术技能人才类型定位、本科层次培育路径、服务经济社会发展和服务乡村振兴战略四个角度，探索研究我国高素质技术技能人才培育的社会适切性；最后，本书结合德国、美国、新加坡等多国技能型人才培养模式和制度，以及我国的"企业导师"制度，详细阐释了高素质技术技能人才培育的实践成果。

　　以上是本书关于高素质技术技能人才及其培育模式的研究所得到的部分成果。但因笔者所处的时代背景及学识所限，本书中所涉及的重点问题并没有得到充分的阐述。因此，本书也就出现了许多的不足，这些都是笔者将在以后努力完善的内容。笔者期望通过这本书能给读者带来一些思考，从而为我国当代高素质技术技能人才的培养和研究提供一些有建设性的意见。

参考文献

[1] 金长义等. 高职院校校企多元化合作机制的研究 [M]. 北京：化工出版社, 2009.

[2] 姜大源, 吴全全. 当代德国职业教育主流教学思想研究 [M]. 北京：清华大学出版社, 2007.

[3] 谢富胜. 分工、技术与生产组织变迁 [M]. 北京：经济科学出版社, 2005.

[4] 万辅彬, 韦丹芳, 孟振兴. 人类学视野下的传统工艺 [M]. 北京：人民出版社, 2011.

[5] 工业和信息化部工业文化发展中心. 工匠精神——中国制造品质之魂 [M]. 北京：人民出版社, 2016.

[6] 刘昭. 政校企合作助推高素质技术技能人才培养 [J]. 新疆职业教育研究, 2023（03）：58-60.

[7] 师博, 张冰瑶. 新时代、新动能、新经济——当前中国经济高质量发展解析 [J]. 上海经济研究, 2018（05）：25-33.

[8] 查建中. 面向经济全球化的工程教育改革战略——产学合作与国际化 [J]. 高等工程教育研究, 2008（01）：21-28.

[9] 谢俊琍, 杨琼. 改革开放以来职业教育校企合作的政策解读及现状分析 [J]. 职业教育研究, 2009（11）：11-12.

[10] 应金萍. 对完善高职院校就业教育服务体系建设的理论思考 [J]. 金华职业技术学院学报, 2009, 9（02）：13-16.

[11] 姜大源. 世界职业教育课程改革的基本走势及其启示——职业教育课程开发漫谈 [J]. 中国职业技术教育, 2009（27）：7-13.

[12] 丁金昌, 童卫军, 黄兆信. 高职校企合作运行机制的创新 [J]. 教育发展研究, 2008（17）：67-70.

［13］周运成，周芸霞. 职业院校就业指导服务体系的构建［J］. 黑河教育，2005（05）：44-45.

［14］艾华，周彦吉，赵建磊，田润平. 创新创业教育对大学生就业竞争力的作用研究［J］. 北京教育（高教），2016（03）：26-29.

［15］刘生然. 新形势下农村中等职业学校发展面临的困难与对策［J］. 劳动保障世界，2016（25）：62.

［16］王锐. 新常态下我国产业结构变迁对经济增长方式的影响［J］. 商业经济研究，2019（05）：160-162.

［17］孙玉阳，穆怀中，范洪敏等. 环境规制对产业结构升级异质联动效应研究［J］. 工业技术经济，2020（04）：89-95.

［18］李宏伟，别应龙. 工匠精神的历史传承与当代培育［J］. 自然辩证法研究，2015（8）：54-59.

［19］丁晓华，李承敬. 学生社会实践活动与专业实践技能培养［J］. 重庆科技学院学报（社会科学版），2010（02）：159—161.

［20］王建. 现代产业学院高素质企业导师队伍建设的实践探索与路径优化［J］. 中外企业文化，2023（07）：229-231.

［21］刘鑫珂，陈嵩. 职业本科高素质技术技能人才培养的现实意义、挑战与优化策略［J］. 上海教育评估研究，2023（04）：14-19.

［22］张媚. 个性化教育视角下大学生创新创业能力培养研究［D］. 西安：长安大学，2016.